Dr.in Ulrike Haas

Frau wer bist du

Widmung

Die Schulstute Draughty gab mit ihren Bewegungen und Reaktionen präzise Rückmeldungen zu Verspannungen und Ängsten, die nach einem Dammschnitt vorhanden waren. Ihr dankt Dr.in Haas ein wiederentdecktes Körperbewusstsein.

Dr.[in] med. Ulrike Haas

Frau wer bist du

Anleitung zur Selbstbestimmung über den Frauenkörper

freya
VERLAG

ISBN 978-3-902540-64-5

A-4020 Linz
www.freya.at
Coverbild: Olga Semicheva, dreamstime.com
Hintergrund: Aleksey Telnov, dreamstime.com
Portraitfoto: Studio Lackner-Strauss
Grafik/Satz: Wolf Ruzicka
gedruckt in EU

Inhalt

Vorwort

Als gewesene Patientin als auch als Hausärztin möchte ich Frauen und ihren Partnern Denkanstöße geben, wie sie, wenn sie im Falle von Schwangerschaft, Geburt oder Krankheit ärztliche Hilfe brauchen, mit der Problematik umgehen, die heutzutage daraus gemacht wird. Jede Frau (jedes Paar) hat andere Bedürfnisse in ihrem (seinem) Leben und braucht daher individuelle Entscheidungen, die sie (es) selber treffen möchte. Ich habe noch in einer Zeit meine Ausbildung gemacht, als Patientinnen und Frauen von den Ärzten bevormundet wurden. Mein erstes Kind habe ich als Medizinstudentin bekommen. Am eigenen Leib habe ich erfahren müssen, wie männliche Ärzte Entscheidungen für mein Leben getroffen haben und wie sie mir ihre falschen Denkmuster übergestülpt haben. Das war eine Erfahrung, die mein Leben als Ärztin geprägt hat. In meiner Generation sind Ärztinnen immer an die gläserne Decke gestoßen! Heute gibt es schon ein paar Ausnahmen!

Diese Zeilen sind der Schulstute Draughty und meiner Reitlehrerin gewidmet, die mir mit viel Verständnis und Geduld das Gefühl für richtiges Sitzen wiedergegeben haben. Erst als meine Kinder groß waren, habe ich einem langjährigen Wunsch entsprechend- mit dem Reitunterricht begonnen. Es sollte sich viel - im positiven Sinne - für meinen Körper verändern. Was die „Heilkunst“ mir genommen hat, hat Draughty mit ihrer Liebe, ihren sanften Bewegungen und ihrem königlichen Gang mir wiedergegeben. Ich fühle wieder und kann über den Körper mit meinem Pferd kommunizieren.

Allen Frauen, die an Körper und Seele noch heil sind, wünsche ich, dass es bei ihnen nicht so weit kommt. Wie man vorbeugt, dazu soll dieses Buch beitragen.
Wo Wunden sind, mögen sie verheilen!

Frauen (Gender[1]) spezifische Medizin ist nichts, was von Männern ausgehen kann! Hätte ich meine eigenen Erlebnisse nicht gehabt, wäre ich in der männerdominierten Medizin stecken geblieben. Deshalb fühle ich mich berufen, Frauen zu beraten!

Meine Aufgabe als Ärztin sehe ich auch darin, Frauen über ihre Rechte aufzuklären, sie mit Informationen auf die Einzelberatung vorzubereiten und in die Lage zu versetzen, selbst über die Art ihrer Therapie, so eine notwendig ist, entscheiden zu können. Das Resultat soll sein, dass die Frau weiterhin Freude am Frausein hat. Das macht auch die Freude meiner Arbeit aus.

Es soll auch nicht mehr vorkommen, dass Frauen nur wegen schlechter Erfahrungen auf einer geburtshilflichen Abteilung keine weiteren Kinder mehr bekommen, obwohl sie eigentlich noch welche gewollt hatten. Wenn eine Frau gerne Mutter sein will, soll ihr dies ohne Probleme möglich sein.

---

1 auf soziale Geschlechterrolle bezogene Frauenmedizin

In vielen Einzelgesprächen, bei der Erhebung der Krankengeschichte mit vielen Frauen, wurde ich darin bestätigt, dass diese Informationen hilfreich wären.

Frauen sind keine homogene Gruppe. Ich stehe auf wider die Tyrannei der Norm, wie Rosa Mayreder (Feministin 1858-1938) uns aufgefordert hat!

Dr.[in] Ulrike Haas,
Ärztin für Allgemeinmedizin, Akademische Referentin für feministische Bildung und Politik
Traun, 2009

Einleitung

Die Medizin ist männerdominiert. Insbesondere in der Gynäkologie[2] und Geburtshilfe wird es fatal, wenn Männer Normen setzen, was Frauen zu wollen haben. Mehrheitlich erheben sie das zum Standard, was ihrer Geltungssucht, ihrer Profilierung, ihrem Bankkonto und der Vorbeugung von Kunstfehlerprozessen dient. Wie Mephisto verkaufen sie das der Patientin, die sie in dieser Situation mit gnä´ Frau anreden, unter dem Deckmantel des Wohlwollens. Eine Frau, die nicht informiert ist, durchblickt den Schwindel nicht und wiegt sich in falscher Sicherheit!

Diese Zeilen sollen Frauen, die schwanger, im Wechsel oder krank sind und deren Angehörige, Freundinnen, Mütter, Töchter, Schwestern ... als Anleitung für ihre Überlegungen dienen.

Immer noch gibt es Frauenärzte, die nur eine Therapie vorschlagen, obwohl es ein oberstgerichtliches Urteil gibt, dass Ärzte und Ärztinnen über alle Möglichkeiten der Therapie aufklären müssen. Bietet ein Arzt/eine Ärztin die Methode, welche die Patientin möchte, nicht selbst zur Durchführung an, die aber in ihrer Situation angebracht ist, so muss sie dorthin überwiesen werden, wo dies möglich ist. Bei den modernen Operationsmethoden ist eine spezielle Ausrüstung und Einschulung des gesamten Teams notwendig, daher kann das nicht in Belegspitälern durchgeführt werden, wo die Ausrü-

2 Frauenheilkunde

stung des Operationssaales nicht vorhanden ist und/oder das Team ständig wechselt. Das wollen manche Frauenärzte nicht akzeptieren. Noch immer werden Curettagen[3] verordnet, obwohl dieser Blindflug mit dem scharfen Löffel heute obsolet[4] ist. Statt dessen kann man in derselben Kürze der Narkose mit dem ENDOSKOP[5] hinein schauen und mit ebenso dünnen endoskopischen Instrumenten nur das operieren, was man sieht und was notwendig (krank) ist.

Es ist aber ebenso notwendig, dass Frauen sich informieren und im Falle des Falles richtig beraten lassen. Eine Zweitmeinung, bevor geschnitten wird, ist unablässig, am besten von jemandem, der/die selbst nicht operiert. Ich habe es immer wieder als Hausärztin erlebt, dass Patientinnen an mir vorbei geschleust wurden und ich sie erst wieder sah, wenn alles oder zu viel herausgeschnitten war.

In diesem Buch geht es um die Fallstricke, in die frau geraten kann, wenn sie zu sehr vertraut. Kontrolle ist besser! Eine langjährige Patientenschaft schützt auch nicht vor Anbotsdominanz[6]. So lange frau jung ist und nur zur Vorsorgeuntersuchung geht, kann nicht viel passieren. Auch mir ging es so.

Ich habe jahrelang den Krebsabstrich bei demselben Arzt machen lassen, bis ich eine Krankheit hatte. Da hat er mir eine falsche Diagnose gestellt, um mich zu einer Operationseinwilligung zu bewegen. Das Belegspital[7], das er mir vorschlug,

---

3 Gewebe-Auskratzung bzw. Ausschabung der Gebärmutter

4 außer Gebrauch, überholt

5 Gerät zur Innenbetrachtung von Hohlräumen

6 Der Frauenarzt bietet nur eine Therapie an, die ihm gut erscheint, und klärt über andere Methoden gar nicht auf

7 Spital, in dem die Patienten und Patientinnen auch von nicht spitalsangehörigen Ärzten und Ärztinnen betreut werden können

habe ich abgelehnt und so hatte ich noch Zeit, darüber nachzudenken. Die Ärztekammer hatte mich ja zwangsweise für die zweite Klasse versichert, was meiner Gesundheit abträglich war. Der OGH war der Meinung, dies sei standesgemäß und ein Solidaritätsbeitrag und alle ÄrtzInnen müssten das bezahlen, --- ein Solidaritätsbeitrag für operierende Ärzte? Ich lege mich seither prinzipiell auf die dritte Klasse. Das kann mir niemand verbieten!

Eine andere Methode eine Frau zu einer Operation zu drängen ist es, der Frau zu sagen, was sie da an Grauslichem drinnen hätte, das sie dann schnellstens entfernt haben möchte. Nicht einmal bei Krebs kann das so dringend sein, dass frau sich nicht entsprechend vorbereiten soll. Wenn zu viel weggeschnitten ist, ist es zu spät.

Vor einiger Zeit ging ein Vergehen eines Frauenarztes aus Kärnten durch die Medien. Patientinnen hatten ihm jahrelang vertraut. Er hatte zwar den Krankenschein genommen und den Krebsabstrich gemacht, aber nicht an ein Labor weiter geschickt. Die Ärztekammer Kärnten hat insofern reagiert, als sie alle Gynäkologen in Kärnten aufgefordert hat, der Ärztekammer bekannt zu geben, in welches Labor sie die Abstriche schicken. Durch eine Rückfrage bei diesen Labors sollte sichergestellt werden, dass es ein Einzelfall war.

Frauen müssen auch wissen, dass sie ein RECHT auf Aufklärung haben und dieses einfordern! Fragen Sie einfach: gibt es noch eine andere oder mehrere Möglichkeiten der Therapie?

Sagen Sie auch, dass Sie eine Zweitmeinung einholen wollen. Wenn der erstberatende Arzt kein schlechtes Gewissen hat, gibt er Ihnen alle Befunde mit.

„In Österreich gibt es in der Medizin eine geheime Regel, die besagt: Viel ist besser als gut. Wenn ein Arzt viel macht, wird er dafür belohnt, wenn er etwas gut macht, ist das zwar nett, aber mehr auch nicht (Ärztinnen operieren ohnehin nicht so viel wie Ärzte)", sagte ein Präsident der österreichische Gesellschaft für Gynäkologie und Geburtshilfe, Universitätsprofessor Dr. Norbert Pateisky. Er macht das Abrechnungssystem dafür verantwortlich.

„Jede erbrachte Leistung wird bezahlt. Überprüft wird weder die Sinnhaftigkeit noch die Qualität der ärztlichen Maßnahme. Das ist ein System, das nicht nur die ärztliche Ethik untergräbt, sondern auch doppelt teuer ist. Einerseits deswegen, weil auch wirkungslose Therapien bezahlt werden müssen, andererseits, weil der therapeutische Eifer erst Krankheiten erzeugt. Man weiß aus der internationalen Literatur, dass 3% der Menschen infolge ärztlicher Interventionen[8] erkranken. 15% der Betroffenen sterben sogar daran. Die Lösung des Problems und damit die Rehabilitation[9] der medizinischen Ethik[10] wäre einfach: sinnvolle Abrechnungssysteme, Überprüfung der Qualität und des Sinnes der erbrachten Leistung.

Warum geschieht dies nicht? Weil alle mit der Situation ziemlich gut leben. Vor allem die Spitäler behalten ihre Da-

8 von lateinisch: intervenire = dazwischentreten
9 Wiederherstellung des guten Rufes
10 Sittenlehre, Sittlichkeit

seinsberechtigung, wenn sie viel machen. Krankenhäuser sind ja meist die größten Arbeitgeber in der jeweiligen Region. Und welcher Politiker will schon Arbeitslose?“

Nehmen wir das Beispiel einer Gebärmutterentfernung, die nicht zwingend notwendig ist: Zuerst verdient das Krankenhaus an einem längeren Aufenthalt (größere Operation), der Krankenstand ist ebenfalls ein Kostenfaktor. Die Frau kommt früher in den Wechsel und muss Hormone nehmen. Sie muss jeden Monat zum Arzt um ein Rezept, die Hormone bergen dann auch noch ein Krebsrisiko und schlussendlich kommt nach ein paar Jahren noch ein unfreiwilliger Harnabgang[11] dazu. Der Harnabgang treibt die Frau in die soziale Isolation oder macht eine weitere Operation zum Heben der Blase und Scheide notwendig. Sie selbst wird den Zusammenhang nicht erkennen und niemand wird sie darauf aufmerksam machen. Eigentlich hätte sie vor der Operation darauf aufmerksam gemacht werden müssen. Zudem kommt es bei der operativen Anhebung (Kolporrhaphie) zu einer Narbenplatte in der Scheide, die energetisch nicht entstört werden kann.

Islamische Frauen lehnen einen männlichen Frauenarzt grundsätzlich ab. Sie können daher auch keine Krankheiten bekommen, die durch ärztliche Intervention entstehen.

Eine Änderung der Situation werden wir Frauen nur von der Basis aus bewirken können! Unter konservativen Regie-

11 Brown et alii im Lancet 2000, 356: 535-9

rungen werden Frauen noch früher an die gläsernen Decke stoßen in ihrer Karriere. Frauen haben noch nicht die notwendigen Seilschaften und vermissen ein eigenes Lobbying. Solange Ärztinnen Einzelkämpferinnen sind, werden wir keine 50% Quotenregelung haben und nicht stark genug sein.

Bei Sonntagsreden wird von den Verantwortlichen behauptet, Ärztinnen wollen keine Fachausbildung. Das ist eine Lüge, aber sehr bequem. Selbstverständlich können sie sich ohne Ausbildung nicht um eine Kassenstelle bewerben oder um ein Primariat[12], daher gibt es dafür keine Bewerberinnen.

Am 4. Wiener Ärztinnentag[13] wurden kritische Stimmen zur Quotenregelung[14] laut, mit der Begründung, Bewerberinnen für Führungsstellen in Spital und Universität würden noch kritischer als bisher ausgelesen, damit sie erst gar nicht in den heiß umkämpften Dreier-Vorschlag gelangen und dann quasi automatisch zum Zug kommen können. Die Quotenregelung stellt für die meisten Männer eine Bedrohung dar.

Somit ist die Basis aufgerufen, etwas zu ändern und zwar mit dem „Konsumverhalten“. Wenn informierte Frauen ihre Rechte einfordern, werden sich auch die männlichen Ärzte ändern müssen. Schließlich wollen sie ja auch von uns leben, aber anders als bisher.

---

12 Abteilungsleiterposten

13 06. April 2002

14 Verteilungsregelung zur Verhinderung bzw. Beseitigung von insbesondere am Arbeitsmarkt entstandenen Ungleichgewichten

Eines muss bedacht werden: Nicht alle Frauen sind Feministinnen. Es gibt Mitläuferinnen im paternalen[15] System. Damit sichern sie sich einen Platz an der Sonne der Macht. Sie leben dadurch materiell abgesichert. Die prominentesten Mitläuferinnen waren die KZ-Aufseherinnen, die für das Regime, das sich an der Macht befand, andere Frauen unterdrückten, die niemandem etwas getan hatten.

Die Strukturen in den Krankenhäusern sind ausgeprägt hierarchisch. Es kann passieren, dass diejenigen, die an der Spitze stehen, jegliches Augenmaß verlieren. Sie dünken sich gottähnlich und glauben, alleine bestimmen zu können, was für die Nachgeordneten und Patientinnen gut und richtig ist.

So einen nenne ich nicht Arzt. Er kann fachlich noch so kompetent sein und eine ungeheure Fingerfertigkeit in seinen Händen haben, wenn ihm die menschlichen Qualitäten fehlen, würde ich mich nie von ihm behandeln lassen. Als Kollegin nimmt er mich sowieso nicht wahr. Was können Kolleginnen und Kollegen in Ausbildung von so einem Abteilungsvorstand lernen?

Ich betone, dass diese Zeilen Denkanstöße geben sollen und keineswegs eine individuelle Beratung ersetzen! Der eigenen Kreativität für die Durchsetzung der Menschenrechte sind keine Grenzen gesetzt.

---

15 „väterlichen“

Frauenärztinnen

Es gibt Frauen, die meinen, das weibliche Genitale sei nur für den Mann da, daher dürfe eine Frau nicht dorthin greifen. Ich halte diese Frauen für ein Opfer unserer erotisierten Welt (siehe Werbung). Sie sind genauso fehlgeleitet wie jener Frauenarzt, der ohne Handschuhe untersucht hat. Die LaiInnenpresse berichtete darüber. Diese Frauen gehören nicht zur Zielgruppe dieser Anleitung. Diese werden weiter zu einem männlichen Frauenarzt gehen und dieser wird nicht merken, in welcher Gefahr er bei diesen Frauen ist.

Bei der Ausbildung werden Frauen noch immer diskriminiert. Wir stellen zwar 57% im Studium, aber je weiter oben in der Hierarchie, um so mehr Männer sieht man/frau. An 21 Universitäten Österreichs gibt es keine einzige Frau an der Spitze (Stand Feber 09). Die durch Gesetze zur Frauenförderung in den Genuss der Ausbildung gekommenen Frauen verschwinden in der freien Praxis als Wahlärztinnen. Bei der Vergabe der Kassenstellen gibt es immer noch ein Punktesystem, in dem Frauen die Höchstzahl nicht erreichen können.

Die Stadt Linz z. B. hat rund 100 000 Einwohnerinnen (10.000 mehr als Männer). Für diese stehen 15 Gynäkologinnen (lt. Telefonbuch) zur Verfügung, von denen nur wenige einen Vertrag mit allen Kassen haben, die anderen sind Wahlärztinnen. Die Abteilungsvorstände der meisten gynäkologisch-geburtshilflichen Abteilungen sind generell männlich.

In einer Studie, in der 920 Frauen zwischen 15 und 65 Jahren befragt wurden, sagte jede zweite Frau sie würde lieber zu einer Gynäkologin gehen. Dazu ist anzumerken, dass Gynäkologinnen im Spital dem männlichen Abteilungsvorstand weisungsgebunden sind.

Auch wenn sie Ärztinnen bevorzugen würden - Patientinnen haben meist keine Wahlmöglichkeit.

Frau Univ. Prof.in Dr.in Gabriele Moser sagte in einem Interview der Medical Tribune[16], dass 78,2% der Frauen feststellten, dass es ihnen in den Prestigefächern (Chirurgie, Innerer Medizin, Gynäkologie) von Kollegen schwerer gemacht werde. Dieser Meinung waren auch 42% der männlichen Kollegen.

Prof. Dr. Reinhard Krepler (Allgemeines Krankenhaus/AKH Wien) sagte bei der Eröffnung der Veranstaltung „Frauen in der Medizin“[17]: „Frauen haben im AKH allerhand auszuhalten. Denn ihre männlichen Kollegen sind nicht gerade fair zu ihnen. Und zwar noch weniger fair als zu ihren Geschlechtsgenossen.“ Er empfiehlt Frauen eine Rechtsschutzversicherung, um sich gegen männliche Übergriffe besser zur Wehr setzen zu können.

Als erste Frau promovierte 1897 Gabriele Possaner an einer österreichisch - ungarischen Universität zum Doktor der gesamten Heilkunde. Sie war die erste, die alle bürokratischen

16 Nr. 40 vom 08. April 1999, Seite 19
17 wurde vom Verein zur Förderung von Wissenschaft und Forschung im Jahr 2000 organisiert

Hindernisse und Vorurteile überwand. Unter anderem war sie bereit, drei Mal die Matura abzulegen und zwei Mal die Rigorosen[18] zu absolvieren. Erst drei Jahre später öffneten sich die Pforten der medizinischen Fakultät für alle Frauen. Heute gibt es mehr Frauen als Männer im Medizinstudium, trotzdem sind sie in Karrierepositionen kaum zu finden.

Mit unzulänglichen Argumenten wurde in den 60er Jahren des 19. Jahrhunderts versucht, die weibliche Konkurrenz von der männlichen Männerdomäne fern zu halten. Um die geistige Inferiorität[19] der Frauen auch wissenschaftlich zu untermauern, wurden sogar männliche und weibliche Gehirne gewogen, vermessen und miteinander verglichen. Und tatsächlich: Mann fand, dass das weibliche Gehirn durchschnittlich um 134 Gramm leichter war als das männliche. Der Beweis schien stichhaltig. Bald wurde jedoch erkannt, dass mehr Gewicht nicht mehr Leistungsfähigkeit zur Folge haben muss.

Die Historikerin Sonja Stipsits schreibt dazu: „Ginge es allein nach der Masse des Gehirns, so würden doch die Pferde …"

Univ. Prof.in Dr.in Gabriele Moser[20] berichtet in einem Interview mit der Medical Tribune: „In der Medizin ist der Frauenanteil dort hoch, wo psychosoziale Kompetenzen gefordert sind, im Bereich der Rehabilitation und in der Kinderheilkun-

18 mündliche Abschlussprüfung an einer Hochschule
19 Unterlegenheit
20 Vizerektorin der Universität Wien von Jänner 2000 bis September 2003

de. Wo es um Macht und Einfluss geht, ist der Frauenanteil gering.

Als konkrete Karrierehindernisse nennt sie: „Frauen bleibt weniger Zeit für ihren Beruf, denn sie sind noch immer primär für die Kinder und den Haushalt zuständig. In der Klinik werden sie weniger als Männer unterstützt. Außerdem wird ihre Arbeit häufiger als die der Männer abgewertet."

Esther Vilar, Medizinerin und Autorin fragt, ob es sowohl für Männer als auch für Frauen überhaupt erstrebenswert sei, Karriere zu machen. Denn auf dem Weg nach oben gingen viele positive Eigenschaften wie Sensibilität und Phantasie verloren, Eigenschaften, die gemäß ihrer Definition Wesensmerkmale von Intelligenz sind.

Erziehung zur Frau

Alle Kinder, die mit den Chromosomen XY ausgestattet sind, werden zu Männern erzogen, alle anderen zu Frauen, außer, das Erscheinungsbild zeigt etwas anderes. Es gibt nämlich Individuen mit abweichendem Chromosomensatz, die lebensfähig sind. So zum Beispiel XO, XXX, XYX. Solche, die wie Männer aussehen, nennt die Wissenschaft Klinefelter[21] und solche, die wie Frauen aussehen Turner[22] nach Ärzten, die diese Syndrome zuerst beschrieben haben.

Wenn das Mädchen gewickelt wird, so soll der Kot von vorne nach hinten abgewischt werden, damit es nicht zu einer Infektion der Vulva kommt.

Das deutsche Wort für Vulva heißt Scham, was man damit assoziiert, überlasse ich Ihnen, liebe Leserin. Sie sollten sich schon jetzt überlegen, welche Namen sie den einzelnen Körperteilen geben, auch das Genitale ist sprachlich nicht tabu. Wir haben in unserer Hochsprache aber meist kein geeignetes Wort. Das ist nicht in allen Kulturen so.

Eltern sind aufgerufen, geeignete Wörter zu erfinden, die sie dann selbst im Umgang mit dem Kind verwenden. Sie schaffen damit die Voraussetzung, dass das Kind sich diese Wörter im Zuge der frühkindlichen Sprachentwicklung aneignet und nicht von der Straße heimbringt oder in der Schule auswendig lernen muss. So könnte der häufig beklagten

21 Menschen mit diesem Syndrom besitzen ein zusätzliches X-Chromosom in den Körperzellen.
22 Frauen mit dieser Besonderheit haben lediglich ein funktionsfähiges X-Chromosom statt der üblichen zwei.

Sprachlosigkeit im sexuellen Bereich abgeholfen werden. Je selbstverständlicher das gelingt, umso unbefangener wird das Kind damit umgehen.

Was mich am meisten abstößt, ist das Wort für den Teil der Brust, an dem das Baby saugt. Im Lateinischen heißt dieser Teil Mamilla, es erinnert mich an die Milchleiste und das Ernährende, ein wohliges Gefühl. Ich habe meinen Kindern das Wort Mamille beigebracht, das ist nichts Unanständiges und nichts Peinliches. Andere Eltern haben einen anderen Bezug, der Phantasie sind keine Grenzen gesetzt.

Eine deutsche Selbsthilfegruppe hat das Wort Brustknospe kreiert. Die Wörter der Gosse wollen wir unseren Kindern ja nicht vermitteln. Die Eltern sollen neue Wörter erfinden, die der menschlichen Würde gerecht werden und nichts Schmutziges an sich haben. Schließlich könnten die neuen Wörter, wie andere auch in den normalen Sprachgebrauch einfließen und damit könnten wir uns von unserer prüden Vergangenheit verabschieden.

Der Schamberg wird im Französischen Venusberg genannt. Venus ist die Göttin der Liebe, der wir uns nicht zu schämen brauchen.

Wird das Kind nicht mehr gewickelt, beginnt eine wichtige Phase für gesundheitsfördernde Maßnahmen. Auf der Toilette sollte der Popo nicht zu weit hinein hängen und die Beine sollten gespreizt sein. Man kann die WC-Brille durch einen Einsatz verengen und so die richtige Körperhaltung veranlassen. Der Urin sollte nicht über die Brücke zwischen Harnröhre und Scheide laufen oder in die Scheide hinein.

Natürlich sollte das weibliche Kind angehalten werden, immer von vorne nach hinten zu putzen. Ich habe schon Kinder behandelt, die in der inaktiven Scheide eine Infektion hatten. Mit einem Wattestäbchen habe ich die Keime abgenommen und eingeschickt. Es stellte sich heraus, dass es Coli-Bakterien waren, körpereigene Keime aus dem Darm. In die Scheide gehören sie nicht. Dort machen sie eine Entzündung. Auf Nachfrage stellte sich dann heraus, dass auch die Mutti falsch geputzt hat – niemand machte sie darauf aufmerksam.

Ein Kind mit drei bis vier Jahren möchte alles alleine machen. Diese Ambitionen sollten die Eltern aufgreifen und zum richtigen Umgang auch beim Wasserlassen und Stuhlabsetzen nützen.

Wenn das Kind im Freien uriniert, muss es so gehalten werden, dass der Urin auf kürzestem Wege, ohne die Vulva zu benetzen, auf den Boden gelangt. Auf der Toilette sollte das Kind (auch Buben) gerade sitzen. Beim Urinieren soll ein Mädchen es einfach rinnen lassen und, wenn es dem Ende zu geht, nicht nachdrücken.

Mädchen im Sandkastenalter sind in langen Hosen gut ausgestattet, denn das verhindert Infektionen. Immer zuerst das Höschen und dann erst die Schuhe anziehen und nicht umgekehrt. All diese Trivialitäten können mit dem Kind besprochen werden, damit es in die Verantwortung für sein Gesundbleiben hineinwachsen kann.

Maria Montessori sagte als Leitsatz: „Hilf mir, es selbst zu tun“.

Beim Schuleintritt kommt ein Kind auch in einer fremden Umgebung schon recht gut mit dem Urinieren und Stuhlabsetzen zurecht. Es sollte auch gelernt haben Toiletten und Becken von den Spuren des eigenen Hierseins zu säubern und so zu verlassen, wie wir alle es vorzufinden wünschen. Dazu gehört auch, das Papier nicht auf den Boden herabhängen zu lassen oder in solchen Mengen zu benutzen, dass es einen Stau verursacht. Verschmutzte und übel riechende Schultoiletten werden von sensiblen Kindern gemieden, mit dem Erfolg, dass sie Urin und Stuhl zurückhalten, bis sie zu Hause sind. Das ist ungesund. Natürlich müssen sie sich anschließend die Hände waschen. Wer wäre berufener als die Eltern, dies den Kindern beizubringen?

Ein Mädchen sollte bereits in diesem Alter wissen, wer was anfassen darf und dass frau NEIN sagen muss, wenn sie etwas nicht dulden möchte, gerade dann, wenn das Begehren von Erwachsenen ausgeht.

Jetzt ist es wichtig, dass das Kind die richtigen Vokabeln gelernt hat, um darüber reden zu können! Nehmen Sie Ihr Kind dann auf jeden Fall ernst!

Sagen Sie nicht, dass nicht sein kann, was nicht sein darf! Wer sonst sollte dem Kind glauben, wenn nicht die Eltern?

Die Brust beginnt heute schon mit 8 bis 9 Jahren zu wachsen. Es ist durchaus normal, wenn die Brust einseitig zu wachsen beginnt: Im Laufe der Entwicklung gleicht sich die Größendifferenz wieder aus. Statistisch beginnt die Brustentwicklung 1,3 Jahre vor der ersten Regel. Sie dauert vier Jahre und ist mit spätestens 17 abgeschlossen. Ein winziger Größenunterschied der Brüste bleibt meist bestehen.

Zuerst vergrößert sich der Hof und dann entwickelt sich die Brustdrüsenknospe. Dann nimmt der Drüsenkörper an Größe zu und wird größer als der Hof. Anschließend kommt es zur Knospenbrust und dann zur reifen Brust. Der Drüsenkörper ist in das Fettgewebe eingebettet. Die Größe der Brust sagt nichts aus über die Stillfähigkeit.

Bevor nun die erste Regel eintritt, kommt es bei zwei Drittel aller Mädchen zum Weißfluss. Da muss die Mutter der Tochter zeigen, wie sie dafür sorgen kann, dass die ständige Feuchtigkeit nicht die Haut reizt. Diese Ausscheidung lässt sich nicht kontrollieren. Wenn es keine Mutter gibt, ist vielleicht eine Oma oder Tante da, die das macht. Auch ältere Schwestern haben sich bewährt.

Die Pubertät ist die Übergangsphase zwischen Kindheit und Erwachsenenalter. In dieser Zeit entwickeln sich die sekundären Geschlechtsmerkmale[23] bis zur Vollreife. Es kommt noch einmal zu einem Wachstumsschub.

Viele Eltern glauben, mit der Aufklärung warten zu können, bis das Kind fragt. Das ist falsch! Wenn in einer Familie Sprachlosigkeit herrscht, wird es nicht fragen. Das Mädchen

23 sichtbare körperliche, nicht zu den Fortpflanzungsorganen gerechnete Geschlechtsausprägungen.

holt sich die Informationen an ungeeigneter Stelle, fühlt sich allein gelassen und steht unnötige Ängste aus.

Was die Mutter versäumt hat, übernimmt heute der Staat in den first love Ambulanzen, in denen auch männliche Frauenärzte agieren. Ihnen geht es meist nur um die Verhütung, was darin gipfelt, dass 80% der Jugendlichen mit einem Pillenrezept herauskommen. Die Pubertät beginnt heute mit 10 bis 11 Jahren. Warten Sie nicht zu lange, reden Sie rechtzeitig mit Ihrer Tochter! Das ist die Chance, das Vertrauen nicht zu verlieren, das in der Pubertät ohnehin auf eine harte Probe gestellt wird.

Pubertät

In der Pubertät wandern die Ovarien[24] tiefer in das kleine Becken. Spätestens dann sollten die Töchter voll aufgeklärt sein und ich halte es immer noch für das Beste, wenn eine Vertrauensperson aus der Familie das tut. Die erste Regel ist nicht nur ein Thema der Hygiene, sondern der Beginn eines neuen Lebensabschnittes, in dem es auch um Verantwortung geht. Darüber sollten die Eltern mit ihrer Tochter sprechen. Die Jugendliche weiß dann, dass sie beim Verkehr schwanger werden kann und das sollte auch thematisiert werden.

Der Zyklus ist zu Beginn meist unregelmäßig aber das ist kein Grund, den Frauenarzt aufzusuchen, der oft reflexartig mit Hormonen[25] eingreift. Nach zwei Jahren pendelt sich das meist von selbst ein. Sollte die erste Regel bis 15 nicht eingetreten sein, so ist der Besuch beim Frauenarzt angezeigt.

Fast alle Mädchen haben in dieser Zeit Akne. Akne geht mit und ohne Therapie wieder weg. Nur in ganz schweren Fällen muss deshalb ein/e HautärztIn aufgesucht werden, um etwa Narben zu vermeiden. Es ist nicht anzuraten wegen der Akne in diesem Alter die Antibaby-Pille einzunehmen. Für die Akne gibt es auch Therapien ohne Hormone, die natürlich vom Frauenarzt nicht verordnet werden.

Meist wollen die jungen Frauen aber wegen der Verhütung zum Frauenarzt. Dort werden ausnahmslos hormonelle Me-

---

24 Eierstöcke

25 biochemische Botenstoffe zur Informationsübertragung zwischen Organen bzw. körpereigenen Geweben

thoden angeboten. Alle anderen Methoden werden als nicht sicher verteufelt. Wird die Pille vor dem 18 Lebensjahr eingenommen, bleibt die Jugendliche so klein wie bisher, ansonsten könnte sie noch wachsen.

Frau braucht alle sechs Monate ein Rezept und eine Untersuchung. Das heißt, sie ist dann ständig beim Frauenarzt in Kontrolle, obwohl sie nicht krank ist. So ist sie schon frühzeitig daran gewöhnt und findet nichts dabei, wenn physiologische Zustände heute als Krankheiten angesehen werden.

Die Pille sollte nicht verschrieben werden wenn die Frau raucht, aber das wird gemacht. Frauen, die zu früh mit dem Verkehr beginnen und rauchen, werden das auch die nächsten dreißig Jahre tun wollen und haben ein doppeltes Krebsrisiko - für Lungen- und Brustkrebs. Die Thrombosen könnte man ja innerhalb von 2 Jahren behandeln.

Es gibt Studien, die besagen, dass die Pille den Knochen schwächt. Aber was ist wichtiger? Im Teenage[26] schon Verkehr zu haben, ohne an die Verhütung denken zu müssen, oder eine gesundheitliche Lebensplanung? Wie lange soll die Pille genommen werden? Bis zum Wechsel? Wenn frau 2 Kinder bekommt und nicht anders verhütet, kann sie leicht auf eine Dauer von 35 Jahren Pilleneinnahme kommen.

Sollten Sie daran interessiert sein, dass ihre Tochter andere Verhütungsmethoden kennenlernt, so müssen Sie sich selber darum kümmern. Von FrauenärztInnen kommen diesbezüglich keine Informationen. So macht man Frauen ja auch abhängig. Ich kann mich an eine Patientin erinnern, die sich

26 englisch: Jugendalter

nach 25 Jahren unterbinden ließ, damit sie von der Pille weg kommt.

Sie sollte aus medizinischer Indikation[27] nicht mehr schwanger werden. Sie hatte monatelang Entzugssymptome wie Schweißausbrüche, Schlafstörungen und Muskelschmerzen. Als sie den Frauenarzt fragte, was sie tun solle, sagte er, sie solle die Pille wieder nehmen! Das sind sehr vordergründige, bequeme Therapien.

Heute gibt es zusätzlich die 3-Monats-Spritze, das Stäbchen, das in den Oberarm platziert wird und kontinuierlich Hormone abgibt, einen Ring, der in der Scheide Hormone abgibt, ebenso eine Hormonspirale, die frau sich auch nicht selbst einsetzen kann. Habe ich eine Öffnung vergessen?

Ja, natürlich gibt es auch ein Verhütungspflaster! Das sind alles Methoden, mit denen frau vom Arzt abhängig wird. Mit der Pille kann sie morgen aufhören, wenn sie diese nicht mehr will. Verträgt sie aber die Spritze nicht, so muss sie drei Monate warten. Meist bekommt sie dann eine massive Abbruchsblutung, die bis zur Anämie führen kann, oder die Regel bleibt ganz aus.

Ich habe Frauen Anfang zwanzig homöopathisch behandelt, die nach der Drei-Monats-Spritze Wechselbeschwerden hatten. Die Hormone werden über das Blut in das ganze System getragen. Für andere Verhütungsmethoden wird den Paaren insgesamt die Kompetenz abgesprochen. 100% sicher ist die Pille auch nicht.

---

27 aus medizinischen Gründen „angezeigt“; d. h. im konkreten „krankheitsbedingt“

Eine Möglichkeit der Verhütung wäre das Kondom. Ein Kondom schützt vor sexuell übertragbaren Krankheiten vom banalen Pilz bis zu AIDS. Das Kondom ist nicht rezeptpflichtig. Über diese Möglichkeiten soll mit den Kindern diskutiert werden.

Immer auch über das Waschen und das Zurückziehen der Vorhaut reden, denn Spermien können unter Luftabschluss lebensfähig bleiben und beim nächsten Verkehr aktiv werden.

Meist haben Jugendliche in der Pubertät noch keine Ahnung, wie sie ihr Leben planen wollen, vorerst einmal kein Kind und dann sehen wir weiter ...

Selbstverständlich sind die Pillen heute geringer dosiert, aber kontinuierliche Hormongaben sind es trotzdem. Auch heute gibt es Frauen, die daraufhin zunehmen, schön langsam, aber stetig.

Unter von außen zugeführten Hormonen ändert sich auch der pH-Wert des Scheidenmilieus, was die Scheidenflora verändert, die dann nicht mehr so gut die von unten einwandernden Keime abwehren kann.

Von einem Endokrinologen (Gynäkologe mit Zusatzausbildung auf dem Gebiet der Hormone) wurde einmal behauptet[28], die „Pille danach" hätte unerhebliche Nebenwirkungen. Es wurde gefordert, diese „Pille danach" ohne Rezept abzugeben, weil Frauen in der Nacht und am Wochenende schwer an Rezepte herankämen.

Meiner Meinung nach wäre es zielführender, Jugendliche über fruchtbare und unfruchtbare Tage aufzuklären. Bei

---

28 auf einer Tagung 2002 in Eisenstadt (PsyGyn)

Kenntnis des Zyklustages würde sich eine Pille danach in vielen Fällen erübrigen.

Es wird nichts nützen, wenn Sie erst dann mit der Aufklärung anfangen, wenn Ihre Tochter oder Ihr Sohn die ersten Beziehungen eingehen. Das muss schon vorher geschehen sein. Sie müssen dauernd mit Ihren Kindern im Gespräch bleiben, sonst tun das andere!

Es gibt Jugendliche, die sich wünschen, dass ihre Mutter sie zum Frauenarzt begleitet. Die Mutter kann sich davon überzeugen, dass die Untersuchung normal durchgeführt wird, denn für manche Kinder ist es ein Horror, auch wenn alles ganz normal abgelaufen ist. Meist wird bei Jugendlichen ohnehin noch keine komplette Untersuchung gemacht.

Der Cyclus (Zyklus)

Die Monatsblutung (Regel) orientiert sich am Mondmonat. Ein Mondmonat hat genau 28 Tage. Der Mond, der das weibliche Prinzip verkörpert, ist nur im Deutschen männlich. Im Lateinischen (luna ae f) und Französichen (la lune) ist der Mond eine Mondin und weiblich. Die Luna nimmt ab und zu, wird neu und voll, so wie die Gebärmutterschleimhaut auch. In der ersten Hälfte des Zyklus baut sich die Schleimhaut bis zum Eisprung auf.

In der zweiten Hälfte ist die Schleimhaut für die Einnistung des befruchteten Eies bereit (Gelbkörperphase). Wenn sie dazu nicht gebraucht wird, weil nicht empfangen wurde, blutet sie ab, die Regel kommt. In den ersten beiden Jahren nach Eintreten der Regel (Menarche) darf der Zyklus noch unregelmäßig sein, so wie er im Wechsel auch wieder unregelmäßig wird.

Eine Schwangerschaft dauert 10 Lunarmonate (LM), das sind 280 Tage plus minus 14. Die Sonne hingegen verkörpert das männliche Prinzip (le soleil).

Heute wird die Schwangerschaft nicht mehr nach Lunarmonaten gemessen sondern nach Wochen (SSW) und Tagen, die stehen hinter dem Schrägstrich nach den Wochen. Das eigentliche Prinzip ist daran nicht mehr ablesbar.

Der Zyklus ist aber nicht allein von körperlichen Gegebenheiten abhängig. So etwas Sensibles wie der Biorhythmus ist auch von psychischen Umständen bestimmt. Das akzeptieren

Männer häufig nicht. Hat eine Frau Kummer oder Sorgen, kann sich die Regel verschieben, das heißt, sie kann früher oder später kommen oder ausbleiben, manchmal scheint sie auch gar nicht mehr aufzuhören.

Das Letzte, was frau da braucht, ist ein Drüberfahren mit Hormonen. Damit wird nur die eigentliche Ursache verdeckt. Dann ist alles wieder „unter Kontrolle".

Ich habe mehrfach beobachtet, dass ein Ausbleiben der Regel von Männern reflexartig als vorzeitiger Wechsel diagnostiziert wurde. Nimmt frau dann aber doch keine Hormone, kommt die Regel von selber wieder, sobald sich ihr inneres Gleichgewicht wieder eingestellt hat.

Diesen Durchblick traue ich Männern nicht zu, die eine rein naturwissenschaftliche Fachausbildung genossen haben. Die Zusammenschau mehrerer Faktoren wäre ein Ansatz zu einer geschlechtsspezifischen (gender specific) Medizin, die Männer alleine unter Kontrolle haben wollen, was ein Widerspruch in sich ist. Daher lehne ich eine gender specific medicine in der jetzigen Fassung (ohne Ärztinnen) ab. Auch diese Medizin müsste ganzheitlich (holistisch) orientiert sein, nicht nur körperlich.

Frauen, die sich dringend ein Kind wünschen, können durch die Intensität ihrer Gefühle den Eisprung unterdrücken, sie haben nur eine Blutung. Erst wenn sie sich damit abgefunden haben, dass sie kein Kind bekommen werden oder ein Kind adoptiert haben, entkrampfen sie sich und werden ganz nebenbei schwanger. Da soll einmal einer abstreiten, dass dies ein komplexes Geschehen ist. Die Wissenschaft dringt bis zur Molekularebene in die Materie ein, aber alles andere ist nicht wäg- und messbar und doch gibt es auch diese Teile unseres Menschseins.

Die Sexualhormone sind Gegenspieler des Wachstumshormons. Führt man bereits in der Pubertät Hormone von außen zu (zum Beispiel zur Verhütung), stellt die werdende Frau das Wachstum ein.

Sollte ein Teenager dazu auch noch rauchen, so ist die Hormonzufuhr doppelt kontraindiziert[29]. Durch die Pille wird der Eisprung unterdrückt und es werden anovulatorische Cyclen[30] generiert, dies oft schon in einem Alter, in dem sich der Eisprung noch gar nicht etabliert hat.

In der Mitte des Zyklus steigt die Östrogenkonzentration[31], sowohl vor als auch nach dem Eisprung (in der periovulatorischen[32] Phase). Mittels Speicheltest (oder Cervixschleim[33]) kann frau unter dem Mikroskop die fruchtbare und unfruchtbare Phase an der Konfiguration[34] erkennen. Während der unfruchtbaren Zeit und niedrigen Östrogenkonzentration zeigt sich eine Kieselstruktur. Das heißt, frau sieht einzelne Punkte, die unzusammenhängend sind. In der fruchtbaren Phase, während der höheren Östrogenkonzentration, sieht sie eine Farnkrautstruktur. Die Mikroskope sind heute schon so klein, dass frau sie wie einen Lippenstift in der Handtasche tragen kann (siehe auch Kinderwunsch).

---

29 „nicht angezeigt" – d. h. nicht im Sinne der Heilkunst anzuwenden
30 nicht durch die körpereigenen Eierstöcke ausgelöste Zeitintervalle von Monatsblutungen
31 Menge weiblicher Sexualhormone
32 Fruchtbarkeitsphase „während" bzw. um den Zeitpunkt des Eisprungs herum
33 Gebärmutterhalsschleim
34 graphische Darstellung einer Substanzverteilung

Ratschläge für die Intimpflege

Die Vulva heißt im Deutschen Schamgegend. Sie liegt zwischen Venusberg und dem After. Die Vulva sollte ausschließlich mit reinem Wasser oder einer pH-neutralen Seife gewaschen werden. Abtrocknen soll frau mit einem Tuch, das niemand anderer verwendet. Auskochbare Waschlappen, Hand- und Badetücher müssen möglichst oft erneuert und nach der Benützung sofort aufgehängt werden, damit sie rasch trocknen.

Alle Absonderungen aus der Scheide sollten mit wegwerfbarem, saugfähigem Material aufgefangen werden. Slipeinlagen dürfen keine Plastikfolie haben, unparfürmierten ist der Vorzug zu geben. Verwendet frau Intimsprays, so dürfen diese Sprays nur auf die Haut, nicht aber auf die Schleimhaut aufgetragen werden. Die Schleimhaut resorbiert die Sprays und das ist zu vermeiden. Scheidenspülungen gehören nicht zur Pflege, sie sind eine Therapie. Die Scheidenspülung verändern den pH-Wert in der Scheide, der eine natürliche Barriere für Keime darstellt. Sitzbäder mit Zusätzen, Scheidenzäpfchen oder Salben sind demnach nur nach Rücksprache mit dem Arzt/der Ärztin angebracht. In Schwimmbad und Sauna sollte frau nur auf der selbst mitgebrachten Unterlage sitzen – das ist eine Vorsichtsmaßnahme.

Unmittelbar auf die Haut gehört saugfähige, kochfeste Leibwäsche. Der tägliche Höschenwechsel gehört zu den Selbstverständlichkeiten. Ich sage das deswegen, weil heute sowohl Burschen als auch Mädchen bisweilen überhaupt keine Unterhosen tragen, damit man/frau den Rand der Unterwäsche nicht durch die hautenge Kleidung sieht.

Nach Beendigung der Darmausscheidung muss von vorne nach hinten gewischt werden (ist wirklich wichtig!), damit Darmkeime vom Scheideneingang weggehalten werden. Dort sind sie fehl am Platz und verursachen Entzündungen. Mit dem gleichen Stück Papier nicht zweimal wischen!

Gynäkologische Untersuchungen

Stellen Sie sich vor, Sie gehen zu einem neuen Arzt, der Sie noch nicht ein Leben lang begleitet. Oder aber, Sie waren bisher überhaupt noch nie bei einem Frauenarzt, einer Frauenärztin. Dieser erste Besuch unterliegt bestimmten Regeln, denen sowohl Sie als auch die/der Ärztin/Arzt einhalten sollten. Die Daten, die für eine Erstuntersuchung wichtig sind, sollten Sie parat haben, sich also schon im Vorfeld darüber informieren.

Dies ist die richtige Vorgangsweise: Bevor eine gynäkologische Untersuchung beginnt, wird die Krankengeschichte erhoben. Zuerst wird gefragt,

- welche Krankheiten es in der Familie gibt, was hatte die Mutter, Großmutter, Schwester (Familienanamnese)?
- Wer starb an welcher Krankheit?
- Als nächstes ist die eigene Anamnese[35] an der Reihe.
- Wann war die allererste Regel im Leben?
- Wie viele Geburten haben stattgefunden?
- Gab es Fehlgeburten oder Abortus?
- Ist die Nachgeburt immer von selber gekommen?
- Gab es Komplikationen?
- War irgendwann eine Hormontherapie notwendig?
- Welche gynäkologischen und geburtshilflichen Erkrankung hat frau mitgemacht?

35 Was an früheren Krankheiten in Erinnerung ist.

Erst dann kommt die Frage, warum sie diesmal die Praxis aufsucht. Anschließend sollte der Blutdruck gemessen und der Harn untersucht werden. Die beiden letztgenannten Punkte kann auch die Ordinationshilfe erledigen.

Jetzt folgt die Untersuchung mit zwei Händen auf dem gynäkologischen Stuhl, sie darf nur mit Handschuhen erfolgen.

Eine Hand dringt in die Scheide ein und mit zwei Fingern ertastet man den Muttermund während die andere Hand auf der Bauchdecke liegt, um eventuell den Fundus zu tasten, das ist das zum Nabel hin gelegene Ende der Gebärmutter. Bei Vergrößerungen des Organs kann man mit der Hand auf dem Bauch die Bewegung tasten, die die Hand in der Scheide initiiert. Das darf auf keinen Fall weh tun, sonst stimmt etwas nicht.

Anschließend werden zwei Spekula[36] in die Scheide eingeführt. Sie sind aus einem Metall hergestellt, das in einem Autoklaven[37] keimfrei gemacht werden kann. Wenn die Spekula frisch sterilisiert sind, sind sie heiß. Sie werden in einer sterilen Kassette aufbewahrt oder in einem verschweißten Säckchen, das erst vor der Untersuchung geöffnet wird. Dann fühlt sich das Instrument natürlich kalt an.

Mit diesen Spekula wird der Muttermund eingestellt und mit einem Spatel, Stieltupfer oder Bürstchen Zellmaterial vom Muttermund und dem Muttermundhalskanal abgenommen. Dieses Zellmaterial wird auf einem gläsernen Objektträger ausgestrichen und zum Fixieren in Alkohol gelegt.

36 gynäkologische Untersuchungsgeräte, Scheidenspiegel

37 Druckbehälter, der gasdicht verschlossen werden kann.

Diese Probe muss in ein cytologisches[38] Labor geschickt werden. Man nennt dies den PAP-Abstrich nach dem Arzt, der diese Methode erfunden hat: Papanicolao. Das Labor teilt den Befund in 5 Stadien ein, die mit römischen Ziffern benannt werden und Untergruppen mit Kleinbuchstaben des Alphabets.

Bei III d muss der Befund wiederholt werden. Meist ist eine Entzündung dabei, die zuerst behandelt werden muss, um den Abstrich erneut befunden zu lassen. I und II sind in Ordnung, IV und V müssen behandelt werden.

Der nächste Schritt bei der gründlichen Untersuchung ist die Ultraschalluntersuchung. Heutzutage macht man das mittels eines Ultraschallkopfes, der durch die Scheide eingeführt wird. Früher setzte man den Ultraschallkopf auf die Bauchdecke, die mit einem Gel bestrichen war. Dazu musste die Frau eine volle Blase haben, damit sich der/die Untersucher/in orientieren konnte.

Der Ultraschall zeigt die Gestalt und Größe der Eierstöcke, ob Bläschen darauf sind und eventuell Zysten. Er zeigt auch den Verlauf der Eileiter, ob Flüssigkeit drin ist (normalerweise ist keine drinnen) und wie groß die Gebärmutter ist. Myome (gutartige Wucherungen der Muskulatur) können dadurch festgestellt werden und auch wie hoch die Schleimhaut in der Gebärmutter ist.

Im Falle einer Schwangerschaft wird das Stadium und die Intaktheit der Schwangerschaft festgestellt.

---

38 auf Zelluntersuchungen spezialisiertes

Im Falle einer Hormontherapie muss auch die Leber untersucht werden. Das geht mittels Ultraschall oder aus dem Blut.

Eine Brustuntersuchung kann auch der Hausarzt oder die Hausärztin durchführen. Dabei müssen auch die Lymphknoten in den Achselhöhlen palpiert[39] werden. Wird man/frau da fündig, ist eine Mammographie[40] und ein Ultraschall der Brust angezeigt.

Bei besonderer Notwendigkeit müssen gynäkologische Spezialuntersuchungen angeordnet werden, die aber nicht in der Ordination durchgeführt werden können. Für manche ist eine Vollnarkose notwendig oder/und eine Ausrüstung, die über die normalen Ordinationseinrichtungen hinausgeht.

Spezialuntersuchungen:

Sollten Sie Beschwerden haben und bei den oben beschriebenen Untersuchungen kein Ergebnis bekommen, so heißt das nicht, dass Sie nichts haben. Es heißt nur, dass bisher (noch) nichts gefunden wurde.

Insbesondere die Endometriose[41] versteckt sich hinter normalen Tast- oder Ultraschallbefunden. Sie sind keine Hypochonderin oder eine eingebildete Kranke, wenn Sie Schmerzen haben und die normalen Untersuchungen keine Diagnose

39 abgetastet

40 Röntgenuntersuchung der Brust

41 gutartige Wucherung von Gebärmutterschleimhaut (Endometrium) außerhalb der Gebärmutter

ergeben. Sie müssen dann auch keine Psychopharmaka nehmen, höchstens Schmerzmittel, bis die Diagnose gefunden wird und eine gezielte, kausale[42] Therapie in die Wege geleitet werden kann.

Wechseln Sie ruhig den Arzt/die Ärztin, auch wenn Sie schon jahrelang dort waren und zufrieden, so lange sie nicht krank waren! Schwangerschaften sind keine Krankheiten!

Sollten Sie zum/r Psychiater/in geschickt werden, gehen Sie ruhig hin. Man wird erkennen, dass Sie psychisch gesund sind. Durch lang dauernde Schmerz- und Leidenszustände kann die Psyche natürlich mitgenommen werden, insbesondere, wenn diese Zustände nicht ernst genommen werden. Vielleicht tut es Ihnen auch gut, wenn Ihnen jemand wirklich zuhört (Anamnese).

Vor jedem operativen Eingriff sollten Sie eine Zweitmeinung einholen. Vertrauen ist gut, Kontrolle besser! Blutige Therapien, darüber muss sich jede klar sein, bringen einfach mehr Geld – und (fast) niemand ist in unserer herrschenden Zeit Feind seines eigenen Geldes!

Hysteroskopie

Die Hysteroskopie ist eine Gebärmutter-Spiegelung. Hyster kommt aus dem Griechischen und heißt nichts anderes als Gebärmutter. Alles, was weiblich ist, ist „hysterisch“, ein Wort, das im Deutschen einen Bedeutungswandel erfahren hat. Als

42 ursachenorientierte

„hysterisch" - also aufgeregt, verrückt oder überspannt - werden im volkstümlichen Gebrauch meist Frauen bezeichnet. Aber auch Männer können an Hysterie erkranken!

Bei der Gebärmutter-Spiegelung wird ein starres, stabförmiges Instrument von 3 mm Durchmesser durch die Scheide in den Muttermund, und durch den Gebärmutterhals-Kanal in die Gebärmutterhöhle geschoben. Der Muttermund wird hier nur 3 mm aufgedehnt, bei einer Curettage[43] sind es mindestens 8 mm.

Die Gebärmutter wird gleichzeitig mit einer sterilen Kochsalzlösung oder mit CO2- Gas aufgefaltet. So kann durch Herumführen des Stabes mit Lichtquelle (Endoskop) die ganze Gebärmutter innen in Augenschein genommen werden.

Auch die Tubenecken (dort, wo die Eileiter in die Gebärmutter münden) können so eingesehen werden. Durch die Optik, die an dem Stab angebracht ist, kann das Innere der Gebärmutter nach außen auf einen Bildschirm übertragen werden. Dort sehen alle an dem Eingriff Beteiligten in vergrößerter Form, was los ist. Es können auch Bilder zur Dokumentation angefertigt werden. Somit ist der Blindflug mit der Curette[44] passé. Die Curettage ist heute obsolet[45], wie es in der Fachsprache heißt. Natürlich können bei der Hysteroskopie gezielt Gewebeproben entnommen und zur feingeweblichen Untersuchung eingeschickt werden.

---

43 Ausschabung
44 Instrument, um die Gebärmutter auszukratzen
45 überholt, altmodisch

Laparoskopie oder Pelviskopie

Mit dem Endoskop kann auch durch die Bauchdecke in den Bauchraum oder in das kleine Becken geschaut werden. (pelvis = Becken). Dazu muss allerdings ein Schnitt in die Bauchdecke gemacht werden. Es muss nicht der Nabel sein, wenn Sie das nicht möchten (siehe Kapitel Schönheit). Der Bauchraum ist durch Darmschlingen und andere Organe ausgefüllt und stellt primär keine Höhle dar, daher muss hier ein Gas eingeführt werden. Der Bauchraum wird dadurch aufgeblasen (insuffliert). Der Reiz des Gases und der Druck, der dabei ausgeübt wird, verursachen Schmerzen, daher wird die Laparoskopie auch nur unter Vollnarkose durchgeführt. Manche Frauen klagen auch nach dem Eingriff noch über Schmerzen, die langsam abklingen.

Das Endoskop (hier 3 bis 10 mm dick) wird über einen Schnitt mit dem Skalpell in die Bauchhöhle eingeführt. Zur Dokumentation wird eine Videokamera angeschlossen.

Sehr vorteilhaft ist bei dieser Untersuchung der Vergrößerungseffekt des Systems. Auch entlegene Winkel des Bauchraumes können ausgeleuchtet werden. Die inneren Geschlechtsorgane liegen ja in der Tiefe des kleinen Beckens, versteckt zwischen Darmschlingen. Daher ist es hilfreich, ein weiteres Instrument in der Höhe des Haaransatzes des Venusbergs einzubringen. Ein drittes Instrument kann durch die Scheide in die Gebärmutter eingeführt werden, es ist der Uterusmanipulator. Mit diesem Stab kann die Gebärmutter von der Scheide her angehoben oder gesenkt werden, so dass die über den Bauchschnitt hineinschauenden Ärzte/Ärztinnen die Gebärmutter von hinten und vorne an der Außenfläche begutachten können. Wenn notwendig, kann über diesen Stab (Uterusmanipulator) ein Farbstoff eingespritzt werden. Den Austritt des Farbstoffes sieht man/frau über das Endoskop, das in der Bauchdecke steckt. Tritt der Farbstoff in der Bauchhöhle aus, sind die Eileiter (der Eileiter) durchgängig oder durchgängig gemacht worden.

Brustuntersuchungen

Wem nützt das Screening[46]?

Screening is many times more likely to destroy a woman´s peace of mind than it is to save her life. Women are driven through health system like sheep through a dip. The disease they are being treated for is womanhood."

[*Durchuntersuchungen von gesunden Personen sind sehr oft geeigneter den Seelenfrieden einer Frau zu zerstören als ihr Leben zu retten. Frauen werden durch das Gesundheitssystem getrieben wie Schafe durch eine Senke. Die Krankheit, derentwegen sie behandelt werden, heißt Weiblichkeit.*]

Germain Greer in ihrem Buch „The whole woman"- Die ganze Frau.

Screening-Methoden dürfen nicht verwechselt werden mit klinischen Untersuchungen, wenn Symptome vorhanden sind.

Screening wird am gesunden Menschen durchgeführt. Neben dem Abtasten wird eine Mammograpie empfohlen, die mit einer Strahlenbelastung einhergeht. Manche Frauenärzte empfehlen, ab 45 alle 2 Jahre eine Mammographie machen zu lassen.

Ole Olsen und Peter Gotzsche, zwei dänische Forscher, haben mit der Methode der Evidenz (auf Erfahrung) basierten

46 systematisches „Durchleuchten"

Medizin alle bisher veröffentlichten Studien zu Mammographie-Reihenuntersuchungen überprüft und sind zu dem Ergebnis gekommen, dass es keinen verlässlichen Nachweis gibt, dass Reihenuntersuchungen die Sterblichkeit an Brustkrebs verringern. Auch das Nordic-Cochrane-Center in Kopenhagen kam zu dem Ergebnis, dass das Mammographiescreening keinen Vorteil bringt (Lancet 2000; 355,129-134)

Beim Screening muss man die Nebenwirkungen in Betracht ziehen. Es gibt immer auch falsch positive und falsch negative Ergebnisse. Einmal wiegen sich Frauen in falscher Sicherheit, ein anderes Mal werden sie unnötig in Angst versetzt und Angst ist niemals gesundheitsfördernd.

Sobald den Frauen auch noch Hormone (als Vorbeugung!) eingeredet werden und die Frauen diese einnehmen, wird das Brustgewebe dichter und die Mammographie weniger aussagekräftig.

Sollte sich beim Tastbefund ergeben, dass ein Knoten oder ein flüssigkeitsgefüllter Hohlraum (Zyste) in der Brust vorhanden ist, besteht kein Grund zur Panik. Mehr als 90 % dieser Knoten sind gutartig. Es ist auch meist keine Operation notwendig. Es werden jedoch die verschiedensten Arten von Biopsien[47] angeboten. Biopsien sind Gewebeentnahmen zur feingeweblichen Untersuchung. Das entnommenen Gewebestück wird in feine Lamellen geschnitten, gefärbt und unter verschiedensten Mikroskopen begutachtet.

---

47 Körpermaterialentnahme aus einem lebenden Organismus

Ich selbst würde mir keine dieser Biopsien machen lassen. Wenn es um die Gesundheit geht und ich wissen möchte, woraus ein Knoten besteht, ist es mir egal, ob der Schnitt 2 mm oder 2 cm lang ist. Bei einer Brust, die gestillt hat und meistens einige Schwangerschaftsstreifen aufweist, tut der kleine Schnitt der Schönheit keinen Abbruch. Die 2 cm lange Narbe verheilt so schön, dass man sie nach 2 Jahren nicht mehr von einem Schwangerschaftsstreifen unterscheiden kann.

Von den Chirurgen wird aber oft ungefragt die Schönheit ins Treffen geführt und uns unterstellt, wir möchten das so haben, wenn sie ihre vielfältigen Biopsiearten bei uns anwenden wollen. Auch wird von Chirurgen behauptet, die Frauen wollen keine Vollnarkose. Niemals hat mir eine Frau erzählt, sie hätte eine örtliche verlangt. Eine Vollnarkose braucht natürlich zusätzlich Fachpersonal für Anästhesie[48]. Das ist selbstverständlich aufwendiger und muss zeitlich und örtlich koordiniert werden. Patientinnen haben mir berichtet, wie schmerzhaft das Aspirieren[49] von Zellmaterial war, es hat sehr wohl weh getan. Darauf wurden sie vorher nicht hingewiesen.

Wird aber ein Knoten im Ganzen in Vollnarkose entfernt, so kann mit diesem anschließend alles gemacht werden, was der Patientin nicht mehr weh tut. Obendrein ist mit dem Knoten auch die Angst und Unsicherheit weg. Durch wiederholte Mammographien wird ja die Angst nicht weniger. Sie ist keine angenehme Lebensbegleiterin!

---

48 Ausschaltung der Schmerzempfindung, Narkose
49 Ansaugen

Was kann rund um die Brust sonst noch passieren?

Vor etlichen Jahren gab es einen Skandal in Essen. Brustgewebeproben wurden zu einem Institut geschickt, das sie feingeweblich (histologisch) untersuchen sollte. Mit den Proben kommen immer auch die Daten der Patientinnen, darunter auch, ob sie zusatzversichert sind.

Die Deutsche Gesellschaft für Senologie (Lehre von der Brust) legte ein Gutachten vor, in dem die Krankenunterlagen vieler Frauen untersucht wurden. Etwa 300 Frauen sind damals im Ruhrgebiet vermutlich gesunde Brüste amputiert worden, berichtete die „Süddeutsche Zeitung". Die Diagnosen des Professors waren mit hoher Wahrscheinlichkeit falsch. Es war aber nicht mehr nachzuvollziehen, denn die Gewebeproben gab es nicht mehr. Der Professor hatte sich in seinem Institut mitsamt den Gewebeproben verbrannt.

Für die Frauen war das in zweifacher Hinsicht fatal, zuerst verloren sie eine gesunde Brust oder auch zwei gesunde Brüste und dann anerkannte die Haftpflichtversicherung des Arztes die Ansprüche nicht, weil die Beweise fehlten.

Die meisten der in Mitleidenschaft gezogenen Frauen waren privat versichert oder privat zusatzversichert.

Etwa 30 Frauen haben nicht nur die Haftpflichtversicherung des Arztes verklagt, sondern auch Anzeige wegen Körperverletzung gegen die an der Behandlung beteiligten Ärzte und Krankenhäuser erstattet. „Es hätte keinen solchen Fall gegeben, wenn die anderen behandelnden Ärzte aufmerksamer gewesen wären", so der Tenor der Interessensgruppe, die sich nach dem Skandal gebildet hatte.

Die Deutsche Gesellschaft für Senologie (Lehre von der Brust) bestätigt die Einschätzung der Frauen. „In der Zusammenschau ergibt sich für viele Krankheitsverläufe eine ständige Wiederholung von Unklarheiten, Erklärungsbedürfnissen, Widersprüchen und Informationsdefiziten, die durch ihre Konstanz beeindrucken."

Brustoperationen, wenn notwendig, können von Allgemeinchirurgen oder Gynäkologen mit Zusatzausbildung durchgeführt werden. Mir ist aufgefallen, dass Allgemeinchirurgen im Großen und Ganzen ein weniger gestörtes Verhältnis zu Frauen haben. Sie operieren täglich Männer und Frauen und erfahren, dass beide Geschlechter krank werden können.

Niedergelassene Frauenärzte haben manchmal etwas Süßliches an sich und behandeln uns so, wie sie sich vorstellen, dass Frauen reagieren müssten. Der ewige Hinweis auf die Schönheit ist etwas, das ihrem eigenen Denken entspringt. Der Hinweis auf eine eventuelle Gewebelockerung im Bereich des Genitales gehört in dasselbe Klischee, das sie sich von uns machen.

Weder uns, noch unseren Partner stört das. Es ist meistens auch nicht der Grund unseres Erscheinens in der Ordination. Manches Mal begegnen sie uns so wohlwollend, dass ich gleich an Mephisto erinnert werde. So höflich sind sie ja sonst auch nicht. Niemand mehr sagt im Alltag gnä´ Frau zu uns. Das ist mir immer verdächtig. Nur wer etwas von mir will, redet so. Ich wurde von der Ärztekammer zwangsweise zusatzversichert. Ich habe also auch persönliche Erfahrungen als Secundapatientin[50] gemacht.

Für beide Fälle gibt es natürlich Ausnahmen. Die müssen wir herausfinden lernen. Wir können mit unserem Verhalten, also wo wir hingehen und welche Praxis wir frequentieren, viel beeinflussen.

Wir haben keinen Einfluss auf die Postenbesetzungen. Die werden in üblicher Weise vorgenommen. Das beginnt schon bei den Ausbildungsstellen und endet beim Primariat und der Professur[51]. Ein Politiker, den ich darauf ansprach, sagte mir am Tag der Frau, „… die Frauen wollen ja keine Ausbildung …" Woher nimmt er die Frechheit, so etwas zu behaupten? Als ich ihn darauf hinwies, dass dies so nicht der Wahrheit entspricht, ging er einfach weiter. Ein viel beschäftigter Mann, der sich um Einzelheiten nicht kümmern kann …

Zukünftige Möglichkeiten?

Ein neues Verfahren zur Diagnose ist in klinischer Erprobung. Die sogenannte MR-Elastographie (Gossink und Sinks). Das neue Verfahren basiert auf der Magnet-Resonanz-Tomographie, die ohne Röntgenstrahlen auskommt. Forscher ha-

50 2. Klasse (=Sonderklasse)
51 Lehrkörperfunktion an einer Hochschule

ben eine Möglichkeit entwickelt, die Elastizität des Gewebes als weiteres Kriterium bei der Brustkrebs-Früherkennung in die Diagnose mit einzubeziehen. Dabei setzten sie einen mechanischen Wellengeber ein, um die Ausbreitung der Wellen im Brustgewebe zu verfolgen. Stößt die Welle auf ein Hindernis, zum Beispiel einen Knoten, kann dies mit Hilfe neu entwickelter komplexer Rechenvorgänge in Schnittbildern abgebildet werden. Die Darstellung dieser elektronischen Abtastung erlaubt die Unterscheidung zwischen gutartigen und bösartigen Tumoren[52], da deren Gewebe über unterschiedliche Elastizitäten verfügt. Die Untersuchung soll absolut schmerzfrei sein und mit den Schwingungen eines Rasierapparates vergleichbar. Der Befund ist objektiv, im Gegensatz zum Abtasten mit der Hand, und darüber hinaus sichtbar darstellbar. Auch sehr kleine und tief an der Brustwand sitzende Knoten werden mit dieser Methode erfasst.

Sollte diese Methode auch einmal nach Österreich kommen, so erübrigt sich eine blutige Entnahme bei gutartigen Knoten.

52 vergrößerte Gewebsvolumina, „Gewächse“

Knochendichtemessung

Um die Knochendichte der Frauen machen sich Frauenärzte immer Sorgen. Warum wohl? Als ich wegen gynäkologischer Beschwerden mit 38 Jahren den Frauenarzt aufsuchte, war das Erste, was er mir vorschlug, eine Osteoporoseprophylaxe[53] mittels Hormonen. Ich war irritiert, da ich ja wegen etwas anderem die Ordination aufgesucht hatte. Außerdem stand ich den Hormonen ablehnend gegenüber. Ich habe sie drei Jahre zur Verhütung genommen und mehr als 10 kg zugenommen.

In meiner Familie hat niemand Osteoporose. Meine Großmutter hatte eine Koxarthrose, das ist eine andere Knochenerkrankung. Ich gehöre auch nicht einer anderen Risikogruppe an. Da ich kein funky food (ungesundes Essen) aß, hatte ich auch kein Defizit an Kalzium. Nach meinen sportlichen Tätigkeiten hat er genau so wenig gefragt, wie nach meiner Familienanamnese. Da er meine Lebensumstände nicht kannte, hätte er vorher fragen müssen. Außerdem war mir bekannt, dass nur ältere Frauen an Osteoporose erkranken. Mit 38 Jahren fühlte ich mich denen nicht zugehörig. Meinen gleichaltrigen Mann zählte ich auch nicht zu den alten Männern, ganz im Gegenteil.

So sagte ich denn, ich würde die Hormone nicht nehmen. Von anderen Frauen und Männern wüsste ich, dass dadurch die Libido gesteigert würde. Eine gesteigerte Libido könne ich meinem alten Mann nicht zumuten, er „derschnaufe" das

53 Vorsorge gegen insbesondere altersbedingten Substanzverlust von Knochen

nicht! (komme daraufhin mit der Atmung nicht mehr zurecht).

Mein Mann war in derselben Altersgruppe wie der Frauenarzt, das gab ihm zu denken! Ich war der festen Überzeugung, dass mein Mann weder Hormone von meiner Seite noch potenzsteigernde Mittel von seiner Seite brauchte!

Wegen des Übels, das mich in die Praxis geführt hatte, schlug mir der Frauenarzt vor, entweder Hormone zu nehmen oder die Gebärmutter entfernen zu lassen.

Auf dem Bildschirm des Ultraschallgerätes zeigte er mir die vielen Myome (gutartige Muskelwucherungen), die meine Gebärmutter angeblich hatte. Ich sah nur eine Fläche mit Punkten in verschiedenen Grautönen.

Der Frauenarzt wusste, dass ich bei meiner Ausbildung noch nichts über Ultraschall gelernt hatte. Der Ultraschall war damals noch in den Anfängen und wurde in der Gynäkologie noch nicht eingesetzt. Da fragte ich mich, ob er, der derselben Arztgeneration angehörte, das wohl nachgelernt hatte. Es ist immer sehr mühsam und teuer, etwas nachzulernen, was man/frau an der Uni oder im Krankenhaus nicht gelernt hat.

Fortbildungsveranstaltungen finden entweder am Wochenende oder während des Gebührenurlaubs statt und sind ziemlich teuer. Obendrein finden sie meist in irgendwelchen Nobelorten statt, wo man/frau für die Nächtigung und das Essen nochmals ordentlich zur Kasse gebeten wird.

Ich entschloss mich weder zu einer Hormontherapie noch zu einer Gebärmutterentfernung. Die Osteoporoseprophylaxe habe ich ebenfalls abgelehnt. Durch Östrogene (Hormone) wachsen ja auch die angeblichen Myome. Ich wollte das Übel, das ich kannte, behalten, anstatt mich neuen Nebenwirkungen bis hin zum Krebs auszusetzen. An Anämie stirbt man selten, an Krebs öfter. Nebenwirkungen durch Gebärmutterentfernung sind nicht reversibel. Darüber wurde ich nicht aufgeklärt. Ich kehrte also dieser Praxis den Rücken.

Ich wollte selbst entscheiden, womit ich mir das Leben sauer mache. Nach den Erfahrungen mit dem diensthabenden „Geburtshelfer" bei meinem ersten Kind, wollte ich mich auf nichts mehr einlassen. Die Anamnese war so gut wie nicht gemacht worden, die einzige Untersuchung war der Ultraschall, dem ich nicht traute, es gab kein Blutbild und keinen Eisenspiegel und sonst auch nichts.

Wo war meine mütterliche Freundin, der ich alles anvertrauen konnte und die bei Professor Halter ihre Gynäkologie-Ausbildung gemacht hatte? Sie war pensioniert. Ich fühlte mich verwaist.

Es hatte keinen Sinn nach dem Telefonbuch von A bis Z alle Ärzte durchzuprobieren. Das Fiasko würde nur größer werden. Sie kamen doch alle aus derselben Schule und würden mir dasselbe sagen. Ich erinnerte mich an die Aussage eines Professors: Eine Frau, die sich die Gebärmutter nicht entfernen lassen will, können sie ruhig heimgehen lassen. Sie wird wiederkommen und betteln, dass man sie ihr herausnimmt, (Anbotsdominaz pur) bevor sie verblutet. Ich ließ also gar nichts machen.

Eineinhalb Jahre später habe ich einen Kollegen wiedergefunden, den ich vom Studium kannte. Er gehört meiner Generation an. Er machte ebenfalls einen Ultraschall und fand - keine Myome. Die Ursache für meine Beschwerden konnte in einem minimal invasiven[54] Eingriff in Vollnarkose beseitigt werden. Es geht mir wieder gut mitsamt meiner Gebärmutter. Ich brauche sie nicht mehr zum Kinderkriegen. Ich hatte auch keine Wechselbeschwerden.

Nun fragte ich mich, was tun andere Frauen, die nicht Medizin studiert haben? Was tun sie gegen Eingriffe, die nur dem Krankenhaus und/oder dem Belegarzt dienen?

Die Ärztekammer hatte mich zwangsweise für die zweite Klasse versichert. Ich wollte das gar nicht. Aber das sei standesgemäß, hieß es. Ist es standesgemäß, dass ich ohne Gebärmutter lebe und vorzeitig in den Wechsel komme und später noch unfreiwillig Harn verliere? Der OGH meinte, alle müssten diese Versicherung zahlen, ich auch, aus Solidarität.

Welche Solidarität bin ich den "Klasseoperierern" schuldig?

Das Ultraschallen, das habe ich am eigenen Leib erlebt, ist also Glückssache. Wenn jede zweite Diagnose falsch ist, so habe ich es als Hausärztin erlebt, dann kann frau genau so gut eine Münze werfen. Kopf oder Adler? Der Zufall bringt es ebenfalls auf 50%.

Ergänzend zur Osteoporose-Diagnose muss ich noch anfügen, dass das Frakturrisiko nicht allein von der Knochen-

54 in den Körper eindringend

dichte abhängt, sondern auch von der Architektur der Knochenbälkchen. Gesunder Knochen hat kräftige, untereinander verbundene Trabekel[55]. Bei der Osteoporose sind die Trabekel dünner oder abgebrochen. Eine 3-D-Mikrocomputer-Tomographie[56] kann diese Trabekelstrukturen darstellen.- Andererseits gibt es auch eine Studie, die beweist, dass Frauen mit einer höheren Knochendichte ein höheres Brustkrebsrisiko haben. Der neue Parameter[57] für die Osteoporose heißt Frakturinzidenz[58].

Um Hormone an die Frau zu bringen, lässt man sich etwas einfallen. In Amerika wurde eine Methode entwickelt, mit der man die Knochendichte mittels Ultraschall messen kann. Das mag ja sein. Wo lernt man das hier in Europa? Wenn die etablierten Ultraschallmethoden in der Gynäkologie und Geburtshilfe Glückssache sind, dann ist es die Messung der Knochendichte erst recht.

Frauen haben mir erzählt, dass sie einen Finger in ein Gerät halten, dann klingelt es und der Frauenarzt liest die Knochendichte ab.

Die Referenzzonen[59] für die Knochendichtemessung sind die Lendenwirbelsäule, die Hüfte und eventuell die Ferse, aber sicher nicht der Finger. Aufgrund einer solchen Methode, ließe ich mir keine Therapie geben. Diese Therapie heißt bei den Frauenärzten immer: Hormone. Da diese Methode

55 bälkchenartige Organstrukturen
56 Graphisch dreidimensional dargestellte Röntgenuntersuchung von Detailbereichen
57 charakteristische Kennzahlen
58 statistischer Kennwert für Knochenbrüche
59 bezüglich ihrer Aussagekräftigkeit bevorzugten Bereiche

der Knochendichte-Messung nicht im Leistungskatalog der Krankenkassen zu finden ist, muss sie extra bezahlt werden. Von den Frauen wurden unterschiedliche Honorare genannt. Hier verstehe ich die Arbeiterkammer, die meint, frau könne nicht abschätzen, ob eine Methode notwendig oder sinnvoll sei. Sie muss sich gutgläubig ausnehmen lassen.

Als ich Kammerrätin war, hatten wir in der Kurie[60] über ein Papier zu diskutieren, das von der Gebietskrankenkasse[61] vorgelegt war. Es handelte sich um eine Liste von Methoden zur Diagnose und Therapie, die als gefährdend oder unwirksam eingestuft wurden. Diese Methoden sollten in Übereinstimmung mit der Ärztekammer für alle niedergelassenen Ärztinnen und Ärzte mit Kassenvertrag verboten werden. Was die Ärztekammer dafür bekam, dass sie dem zustimmte, werde ich nie erfahren.

Die Kurie der niedergelassenen Ärztinnen und Ärzte ist nicht für die Zahnärztinnen und Zahnärzte zuständig. Die sind zwar auch niedergelassen, haben aber ihr eigenes Gremium[62].

Auf der Liste der zu verbietenden Methoden fand sich auch die Knochendichtemessung mittels Ultraschall. Nun war der stellvertretende Kurienobmann zufällig Gynäkologe und der sah Umsatzeinbußen für seine Gruppe. Plötzlich ist diese Methode von der Liste verschwunden. Niemand in der Kammer wusste wie, wann und warum. In der Gebietskrankenkasse

60 Versammlung einer Führungsspitze (niedergelassene Ärztinnen)
61 es handelte sich um die oberösterreichische Gebietskrankenkasse
62 beratende, beschlussfassende Gruppe

habe ich mehrmals angerufen. Der Herr Primar war nie zu sprechen. Einmal habe ich die stellvertretende Chefärztin erreicht, die sagte, der Herr Primar hätte da amerikanische Studien gelesen, die für die Effizienz[63] sprächen.

Nun war also einseitig eine Methode von der schwarzen Liste genommen worden? Das kam mir sehr merkwürdig vor.

Die Bioresonanzmethode zum Beispiel ist auf der Verbotsliste geblieben. Als über die restlichen 20 Methoden in der Kurie abgestimmt wurde, war die Knochendichtemessung mittels Ultraschall nicht mehr dabei. Die Liste wurde mehrheitlich von den Kammerräten angenommen, mit meiner Gegenstimme. Ich stelle sachliche Gründe für diese Entscheidung in Abrede! Das Verbot galt ja auch nur für ein Bundesland Österreichs, nicht für ZahnärztInnen und SpitalsärztInnen. Sie gefährden keine Patientinnen damit.

Was soll frau tun, wenn für sie die Knochendichte wichtig ist? Sie kann sich von Hausärztin oder Hausarzt zu einem Röntgen- und CT-Institut überweisen lassen. Dort wird an den Referenzzonen des Skeletts die Dichte mittels dxa-Methode gemessen. Der Befund kann selbst abgeholt oder dem/der zuweisenden Arzt/Ärztin geschickt werden. Mit diesem/dieser kann das Ergebnis besprochen werden.

Im Originalbefund gibt es eine Grafik mit einem T Score[64], der peak bone mass[65] und der BMD[66]. Die Formulare sind alle einheitlich.

63 Nutzen (Wirksamkeit) im Verhältnis zum Aufwand
64 dimensionsloser Kennwert der Knochendichtemessung
65 Maximalwert der Knochenmineraldichte von knochengesunden 30-jährigen
66 engl. Knochenmineraldichte = Bone Mineral Density

Wenn das Kreuzerl im blauen Bereich ist, ist die Knochendichte altersentsprechend. Daneben ist eine andere Grafik, die rot, grün, gelb und blau markiert ist. Dort ist nichts angekreuzt. Bei einer Kopie sieht man das nicht.

Sollte sich der Hausarzt nicht sicher sein, kann frau mit diesem Befund Fachärzte konsultieren - Internisten oder Orthopäden - und sich beraten lassen. Sollte die Krankheit Osteoporose vorliegen, so ist natürlich eine Therapie notwendig. Diese Therapie muss keineswegs aus Hormonen bestehen. Auch Männer können an Osteoporose erkranken und bekommen keine Hormone ...

Die dxa-Methode[67] ist ausgereift, man hat Erfahrung mit der Interpretation, es gibt keine Irrtümer. Radiologen[68] sind nicht an einer Hormontherapie interessiert. Sie erfahren die Therapie erst in einem Jahr, wenn die Frau zur Kontrolle kommt. Diese sollte natürlich am selben Gerät gemacht werden.

Selbstverständlich wird auch an Krankenhaus-Ambulanzen die dxa-Methode angeboten, aber da muss frau sehr aufpassen, dass sie nicht in den Sog einer Hormonambulanz/Wechselambulanz gerät. Dort ist die Gefahr der Überarztung sehr groß.

Natürlich macht die Osteoporose im fortgeschrittenen Stadium Schmerzen und frau sollte sie behandeln lassen, aber das Gegenteil ist öfter der Fall, dass nämlich etwas therapiert wird, was gar nicht vorhanden ist.

---

67 siehe www.osteoporosezentrum.de/diagnostik/knochendichtemessung.html
68 MedizinerInnen, der fachspezifisch mit ionisierenden Strahlen arbeiten.

Ich selbst bekomme keine Osteoporose, ich bewege mich regelmäßig. Ich reite auf meiner Lieblingsstute, die schon vier Fohlen bekommen hat und auch kein Teenager mehr ist. Sport ist kein Privileg der Jugend.

Wenn Sie ein Haus und Kinder versorgen, machen sie genug Bewegung gegen die Osteoporose. Es genügt aber auch, wenn sie regelmäßig spazieren gehen und sich gesund ernähren, das heißt auch, Alkohol und Nikotin vermeiden.

Schwangerschaft

Früher sollte der Mutter-Kind-Pass Risikoschwangerschaften erfassen, den Müttern Hilfestellung geben und gefährdete Kinder frühzeitig erkennen, um sie fördern zu können. Heute will man damit Patientinnenströme lenken und an die Zielgruppe herankommen, die „lebenswertes" Leben zu produzieren hat. Screeningmethoden bekommen eine Eigendynamik.

Was Standard ist, entscheiden Gutachter und Gerichte

Urteile in Präzedenzfällen[69] entscheiden, was im Kreißsaal und Operationssaal zu geschehen hat. Niemand fragt, wie es Frauen dabei geht. Wir werden nicht wie Menschen behandelt, sondern wie ein Mittel zum Zweck.

Am Beispiel der Pränataldiagnostik[70] möchte ich erläutern, unter welchem Druck schwangere Frauen stehen. Durch die Mutter-Kind-Pass (MuK) - Untersuchungen, die die Voraussetzung für das Kindergeld sind, kommen die Gynäkologen an die Zielgruppe heran. Ich glaube nicht, dass es bei der Prämie um die Mütter geht, - vielleicht um WählerInnenstimmen, aber auch darum, die Reproduktion unter Kontrolle zu haben. Frauenärzte haben behauptet, mit der hohen Technik alles im Griff zu haben. Das funktioniert nicht. Jetzt behaupten sie, die Frauen würden von den Ärzten das perfekte Kind fordern. Das perfekte Kind gibt es nicht!

69 richtungsweisendes Beispiel, Musterfall
70 Untersuchungen von Kind und werdender Mutter vor dem Geburtszeitpunkt

Die Schwangerschaft sollte eine freudige Zeit sein! Durch Angst und Stress kommt es zur Kortikosteroidausschüttung[71], was in den ersten drei Monaten der Schwangerschaft zu vermehrten Missbildungen, mehr Frühgeburten und geringerem Geburtsgewicht führen kann. 2008 erschien eine dänische Studie, die behauptet, ein belastendes Ereignis in den ersten drei Monaten der Schwangerschaft führe zu einem höheren Risiko für psychiatrische Erkrankungen des Kindes.

Im österreichischen MuK-Pass sind zwei Ultraschall-Untersuchungen vorgesehen, für welche die Krankenkassen auch die Kosten übernehmen. Die Frauenärzte wollten aber drei machen, von denen die erste mit ungefähr 36 Euro selbst zu bezahlen war. Damit wird ab 1. Jänner 2010 Schluss sein. Eine Novelle zur Gesetzesverordnung sieht eine Ultraschall-Untersuchung in den ersten drei Monaten vor.

Ebenso wurde ein oraler Glucosetoleranztest[72] aufgenommen. Die Schwangeren trinken dabei eine Zuckerlösung und nach einer und zwei Stunden wird das Blut abgenommen und die Zuckerwerte werden gemessen. Dies wird meist in einem Blutlabor durchgeführt. Gleichzeitig wird in Österreich die interne Untersuchung mit 1. Juli 2010 entfallen. Damit werden die Hausärztinnen und Hausärzte in der Schwangerschaft ausgebremst.

Angeblich haben die werdenden Mütter die interne Untersuchung nicht gerne wahrgenommen, aber aus sicherer Quel-

71 Ausschüttung von in der Nebennierenrinde gebildeten Hormonen
72 Glukose = Traubenzucker

le weiß ich, dass Frauenärzte sie nicht darauf aufmerksam gemacht oder die Untersuchung abgelehnt haben.

Sollten Frauen keinen Ultraschall wünschen, müssen sie drei Mal NEIN sagen.

Die zweite Ultraschalluntersuchung wird in der 10. bis 12 Schwangerschaftswoche (SSW), die dritte in der 20. bis 23. SSW. empfohlen.

Die Ultraschalluntersuchung ist eine aufklärungspflichtige, diagnostische Maßnahme. Meist wird aber die Zustimmung der Frau nicht eingeholt. Die Tatsache, dass der MuK-Pass sie vorsieht, ist dafür keine Entschuldigung. Auch für den Bezug des Kindergeldes ist der Ultraschall nicht notwendig.

Weitere Untersuchungen wie Fruchtwasser-Untersuchung oder Biopsien der Chorionzotten[73] des Mutterkuchens oder Blutabnahmen zum Triple Test (alpha-Fetoprotein, freies Östriol, beta- Choriongonadotropin) bedürfen erst recht der Aufklärung, da diese Diagnostik hauptsächlich nach nicht therapierbaren Krankheiten sucht, welche die Frau vor die Entscheidung für oder gegen das Austragen des Kindes stellen.

Ich erinnere mich an eine Frau in meiner Praxis, die mit 42 Jahren mit einem Wunschkind schwanger war und dachte, dass es sich bei der Fruchtwasser-Punktion um eine die Schwangerschaft erhaltende Maßnahme handle. Nach der

---

73 In die Gebärmutterschleimhaut eingesenkte Zotten der Fruchthüllenhaut, die für den Stoffaustausch zwischen Mutter (bzw. deren Plazenta) und dem heranreifenden Kind sorgen.

Untersuchung wurde ihr geraten, das Kind abzutreiben, weil es mongoloid sei. Sie weigerte sich und gab ihrem Unmut Ausdruck. Sie hätte den Eingriff nicht machen lassen, wenn sie gewusst hätte, dass er nur der Diagnose diente. Sie brachte das Kind zur Welt und es war vollkommen gesund. Das Kind wurde der Sonnenschein der Eltern und ist heute erwachsen.

Bis heute ist die Diskussion über die Effizienz des Screenings in der Schwangerschaft nicht abgeschlossen.[74]

In der Schweiz wird die Art der Zusatzausbildung durch die FMH (Foederatio Medicorum Helveticorum) geregelt. Der Fertigkeitsausweis[75] Schwangerschafts-Ultraschall muss in der Schweiz alle 5 Jahre verlängert werden. Die Kriterien für den Fertigkeitsausweis und die Rezertifizierung[76] werden ebenfalls laufend weiter diskutiert. Ebenso müssen Standards der Ultraschall-Untersuchung in der Schwangerschaft geschaffen werden, die als Leitlinien allgemein gültigen Charakter haben, um die angestrebte Qualität zu erreichen.

Da es sich beim Ultraschall um eine diagnostische Leistung handelt, ist aber nur dann ein Nutzen zu erwarten, wenn auf Grund des Befundes auch tatsächlich die richtigen Konsequenzen gezogen werden. Dies mag ein Grund sein, warum in einzelnen Ultraschall-Studien kein signifikanter Vorteil nachgewiesen werden konnte.

---

74 siehe dazu: www.sgumgg.ch
75 Fortbildungsbescheinigung
76 den Zertifizierungsanspruch erneuern, durch eventuelle neue Fortbildungen

Was kann der Ultraschall in der Schwangerschaft?

Der Ultraschall kann durch die Bauchdecke und durch die Scheide durchgeführt werden.

In der 10. bis 12.Schwangerschaftswoche kann man erkennen:

- ob Fehlbildungen in der Gebärmutter vorliegen oder Tumore des inneren Genitale
- wo die Frucht (das Kind) implantiert[77] ist
- wie viele Feten[78] und wie viele Fruchthöhlen es gibt
- ob das Kind/die Kinder lebt/leben
- das Gestationsalter (Schwangerschaftsdauer)
- wie dick das Nackenödem ist
- welche Gestalt der Fetus hat (Kopf, Rumpf, Arme, Beine). Es können Missbildungen der Körperteile gesehen werden

Bei der zweiten Ultraschalluntersuchung in der 20. bis 23. Schwangerschaftswoche (SSW) kann man feststellen:

- wo der Fetus liegt
- ob er lebt
- die Menge des Fruchtwassers
- die Lage und Gestalt des Mutterkuchens
- ob der Fetus gewachsen ist (durch Messung des Kopfdurchmessers, des Bauchdurchmessers und der Länge des Oberschenkelknochens)

Missbildungen, ein fehlender Darm, ein Wasserkopf oder Zwerchfellbrüche können zu diesem Zeitpunkt nicht gesehen werden.

77 eingesetzt
78 Ungeborene

Von welchen Faktoren hängt die Qualität der Ultraschalluntersuchung ab?

- Von der Ausbildung der UntersucherInnen - sie sollten mindestens 50 Untersuchungen pro Jahr machen und regelmäßig Fortbildungsveranstaltungen besuchen.
- Vom Fetus - er sollte sich in entspannter Mittelstellung befinden und genau im Sagittalschnitt getroffen werden. Der Sagittalschnitt geht durch die spätere Pfeilnaht am Kopf.
- Von der Fruchtwassermenge - eine verminderte Fruchtwassermenge beeinträchtigt die Genauigkeit der fetalen Biometrie[79].
- Von der Schwangeren - bei Müttern, die Operationen der Bauchdecke hinter sich oder generell eine dicke Bauchdecke haben, ist die Bildqualität herabgesetzt.
- Vom Ultraschallgerät: Die Schall-Laufgeschwindigkeit des Geräts soll 1540m/sec betragen, es soll mindestens 16 Graustufen darstellen können. Das Gerät muss über eine adäquate Bilddokumentation verfügen. Ultraschall-Sonden sollen über eine Nennfrequenz von mindestens 3 MHz bei transabdominalen (durch die Bauchdecke) und 5 MHz bei transvaginalen (durch die Scheide) Sonden verfügen.

Bei meinen Patientinnen stand im MuK-Pass immer „Altersindikation“, wenn eine Fruchtwasserpunktion (Amniozentese) durchgeführt worden ist. Mit der Altersindikation werden aber nur 30% der Missbildungen erfasst. Eine Risikoeinschätzung kommt erst durch Zusammenkommen mehrerer Risi-

79 Wachstumsmessung des Fötus

kofaktoren zustande. Inzwischen gibt es keine Altersgrenze mehr. Zu den Risikofaktoren gehören auch die Familienanamnese, eine eventuell erhöhte Dicke der Nackenfalte in exakt der 10. bis 12. Schwangerschaftswoche und biochemische Parameter. Sicher ist nichts!

Für diese Risikoberechnung gibt es ein eigenes Computerprogramm, das jeder Frauenarzt kostenlos erwerben kann, wenn er sich einem speziellen Ausbildungskurs mit Zertifikat unterzieht und 40 eigene Bilder in ein Zentrum nach London einschickt. Diese Qualifikation muss er jährlich auf den aktuellen Stand bringen, dann bekommt er auch das „update" für sein Programm.

Im Lancet, einer angesehenen medizinischen Fachzeitschrift, wurde eine Studie von P. A. Boyd et alii veröffentlicht, über „6 Jahre Erfahrung in vorgeburtlicher Diagnose in einem unausgelesenen Patientinnengut in Oxford, UK"[80]

Darin heißt es: 2% aller Neugeborenen im Untersuchungszeitraum von sechs Jahren wiesen angeborenen Missbildungen auf, 55% wurden vor der Geburt und 45% nach der Geburt diagnostiziert.

In 174 Fällen wurden Mütter mit falsch positiven Untersuchungsergebnissen beunruhigt. Bei 92% der falsch positiven Untersuchungsergebnisse wurde eine Missbildung auf Grund erhöhter Nackentransparenz vermutet. Die Messung der Nackenfaltentransparenz vergrößert die Wahrscheinlichkeit der Aufdeckung einer Missbildung um 4%, der Preis dafür sind

80 vom 14.November 1998

aber 12% falsch positive Ergebnisse. Das bedeutet unnötige Ängste für die Schwangeren sowie eine Zunahme von Amniozentesen[81], Chorionzottenbiopsien[82], aber auch Schwangerschaftsabbrüchen. Zwar entscheiden sich nur wenige Eltern für eine Interruptio[83], und das auch nur dann, wenn die diagnostizierte Anomalie eine schwerste oder tödliche Behinderung zur Folge hat.

In zwei Fällen jedoch wollten Eltern - gegen ärztliche Rat - einen Schwangerschaftsabbruch, weil in einem Fall eine Nackenfaltenverdickung, im anderen Fall ein Verdacht auf Fehlen der Speiseröhre geäußert wurde. Bei der Autopsie waren beide Feten ohne krankhaften Befund.

Unter meinen Patientinnen gibt es immer wieder welche, die eine Fruchtwasser-Untersuchung machen lassen, weil ihnen vermittelt wird, das sei eine abgesicherte Methode. Der Eingriff selbst wird unterschätzt. Er wird übereinstimmend unter den „Geburtshelfern" ohne Narkose gemacht. Manche Frauen kollabieren, so dass ich sie nachher krank schreiben muss. Eine 38jährige Schwangere bei Altersindikation sah im Ultraschall, wie ihr Baby gezuckt hat, als die Nadel kam. Jetzt macht sie sich Vorwürfe.

Weltweit wird 1% Abortrate bei der Amniozentese (Fruchtwasserpunktion) angegeben, das heißt, 1% der Frauen verlie-

81 Fruchtwasserpunktion

82 im Körper durchgeführte Untersuchungsmethode, die bereits zu einem früheren Zeitpunkt angewendet werden kann als die Amniozentese. Sie dient dem vorgeburtlichen Nachweis einiger chromosomal bedingter Besonderheiten und einiger Stoffwechselerkrankungen beim ungeborenen Kind

83 Abtreibung

ren bei dem diagnostischen Eingriff das Kind. Wie Dozent Dr. Peter Schwärzler von der Universitätsfrauenklinik Innsbruck ausführte[84], wird bei 100 Amniozentesen ein mongoloides Kind entdeckt und ein gesundes Kind geopfert.

Angesichts dieser Situation muss man endlich begreifen, dass der Glaube an die Machbarkeit mittels Technik und Labor in eine Sackgasse führt. Wer war es, der die Frauen glauben machen wollte, dass alles unter Kontrolle sei?

Wenn Frauen an diesem Punkt nicht anfangen zu verweigern (Revers unterschreiben, ich will das nicht!), wird es kein Zurück geben. Lässt man sich auf die Technik ein und wiegt sich dort in falscher Sicherheit, werden die männlichen Geburtshelfer und die Juristen bestimmen, welchen Weg die Menschheit weitergeht. Die Ärzte haben etwas versprochen, was es nicht gibt: das perfekte Kind! Jetzt beklagen sie sich darüber, dass Frauen so eines einfordern, wie können die Frauen nur! Die Frauen haben wieder den schwarzen Peter.

Sollten nach dem Eingriff Wehenhemmer notwendig sein, tragen Mutter und Kind erhebliche Nebenwirkungen. Die nachgeburtlichen Nebenwirkungen werden immer abgestritten, daher wird darüber auch nicht aufgeklärt.

Durch die Wehenhemmer wird die Herzfrequenz der Mutter in die Höhe getrieben, und damit auch die des Kindes. Das Kind wird damit so aufgeputscht, dass es nach der Geburt nächtelang schreit. Die Eltern können dann auch nicht schla-

84 am 3. Linzer Symposium für Pränatalmedizin, 10. November 2000

fen. Die häusliche Situation eskaliert. Einer muss morgens arbeiten gehen. Das ist eine Zerreißprobe für die Kleinfamilie. Niemand ist da, der den Eltern zu einer längeren Schlafphase verhilft.

Geht die Selektion auf dem eingeschlagenen Weg weiter, werden wir bei der Züchtung des Menschen enden. Die körperlich gesunden Kinder - geistige Defekte kann man vor der Geburt ja ohnehin nicht entdecken - können dann immer noch in der Wohlstandsverwahrlosung enden, wie uns heutige Lehrerinnen laufend berichten.

Es wird an den Frauen liegen, durch Druck von der Basis aus, mittels Verweigerung, die Weichen umzustellen. Es ist ja nach wie vor nur eine Illusion, dass in den nächsten Jahren in allen Gremien 50% Frauen sitzen werden.

Diejenigen Männer, die bis jetzt mit der Verweigerung der Ausbildung von Ärztinnen, mit der Verweigerung der Einstellung von Juristinnen dazu beigetragen haben, dass die öffentliche Welt vermännlicht, sind für diese Situation verantwortlich. In China, wo man auf Grund der vorgeburtlichen Diagnose weibliche Feten abgetrieben hat - nur auf Grund ihres Geschlechts - gibt es heute eine Million Männer, die keine Frau mehr finden. Damit dezimiert sich das Volk selbst. Unverheiratete Männer sind in dieser Gesellschaft nicht so angesehen wie andere. Das bringt ein soziales Ungleichgewicht mit sich, das Folgen hat. Im Jahr 2005 wurde daher in China der vorgeburtliche Ultraschall zur Geschlechtsbestimmung unter Strafe gestellt.

Wir dezimieren uns durch den Ausschluss von Frauen in der Öffentlichkeit, - obwohl wir körperlich anwesend sind, weil wir nicht mit bestimmen dürfen -, und durch die Segregation[85] in der beruflichen Arbeit. Bei der Vergabe von Kassenverträgen gibt es keine Quotenregelung.

Die männlichen Ärzte fühlten sich bei dem Vorschlag der damaligen Frau Ministerin diskriminiert.

Wer möchte ein Kind in diese Welt setzen? Die Motivation muss schon sehr hoch sein, es trotzdem zu versuchen.

Männer bestimmen, was Norm zu sein hat. Annette Kuhn spricht in „Patriarchale Strukturen, Geschlechterpolitik und Geschlechterideologien“ von der Machtergreifung des Frauenkörpers.

Im Juli 1933 gab es das Gesetz zur Verhütung erbkranken Nachwuchses. Die NS-Politik zielte auf die Verwirklichung des neuen Volkskörpers durch das freiwillige oder erzwungene Opfer des Frauenkörpers. In der Sprache des Nationalsozialismus: Die Lebensbeziehungen regeln wir. Das Kind bilden wir.

Die Rassentheoretiker, Eugeniker[86] und Bevölkerungspolitiker des Nationalsozialismus, zu deren Ideologie der Kinderreichtum gehörte, haben für schwangere Frauen mit angeblichen Erbkrankheiten und für fremdländische Frauen sogar das Verbot der Abtreibung außer Kraft gesetzt.

Ein ehemaliger Vorsitzender des österreichischen Verfassungsgerichtshofes, Herr Adamovich, sagte einmal in einem

85 Entmischung eines Gefüges
86 Anwender humangenetischer Erkenntnisse

Fernsehinterview, man brauche im OGH keine Frauen. Alle Juristen hätten weibliche Angehörige und wüssten daher, was die Bedürfnisse der Frauen seien. Das ist eine höchst unqualifizierte Bemerkung. Inzwischen ist Adamovich in Pension und ein anderer Mann an seiner Stelle.

Immer wieder wird von Frauenärzten behauptet, das Kind im Mutterleib sei zu klein oder zu groß. Tatsache ist, dass die Kinder in Schüben wachsen. Sie bleiben im Wachstum stehen, um nach einiger Zeit alles nachzuholen. Aber durch solche Aussagen werden Mütter verunsichert. Letztendlich haben die Kinder dann ein Geburtsgewicht, das der Statur der Eltern entspricht. Die Pränataldiagnostik scheint für meine Begriffe mehr dem Tod als dem Leben zu dienen.

Auch in Deutschland haben sich Frauen über die Pränataldiagnostik Gedanken gemacht und sich einen Forderungskatalog überlegt. Es gibt dort ein Netzwerk gegen Pränataldiagnostik: Im Rundbrief Nr. 5, auch als Magdeburger Blätter bekannt, heißt es:

„Die Aufklärung über pränatale Diagnostik sollte folgende Elemente enthalten:

- Erklärung der Technik und ihrer Anwendung
- Informationen über die Möglichkeiten und Grenzen der Diagnostik und das Fehlen von Therapieangeboten
- Information über die zu untersuchenden Risiken
- Ansprechen der Konsequenzen eines möglichen Schwangerschaftsabbruches

- Hinweis, dass ein Abbruch in einem fortgeschrittenen Stadium der Schwangerschaft durch Einleiten wie bei einer Geburt erfolgt
- Hinweis auf eventuell uneindeutige Ergebnisse, die weitere Untersuchungen nach sich ziehen können
- Hinweis auf die ethische Problematik vorgeburtlicher Diagnostik
- Empfehlung, bei weiter gehenden Fragen und Konflikten psychosoziale Beratung und andere Hilfsangebote in Anspruch zu nehmen
- Nennen von Beratungsstellen im Wohnumfeld, die unabhängig von den Anbietern der vorgeburtlichen Diagnostik arbeiten.

Zwischen ärztlicher Aufklärung und Anwendung von Methoden muss eine Frist liegen, die der Schwangeren erlaubt, die verschiedenen Aspekte des Problems zu überdenken und sich auf dieser Grundlage für oder gegen die Inanspruchnahme von Pränataldiagnostik zu entscheiden.

Die schwangere Frau hat die Freiheit, zu entscheiden, ob und welche weiter führenden Angebote sie in Anspruch nimmt.

Psychosoziale Beratung ist ein eigenständiger und unverzichtbarer Teil dieses vielfältigen Angebotes. In der Beratung werden die Informationen, welche die schwangere Frau durch die ärztliche Aufklärung und aus anderen Quellen erhalten hat, in Beziehung gesetzt zu den Gefühlen, den Wertungen und den Lebensperspektiven der Frau und gegebenenfalls ihres Partners. Beratung dient dazu, die Handlungskompetenz der Rat Suchenden zu erweitern, ihre Selbstbestimmung zu fördern und ihre Entscheidungsfähigkeit zu stärken. Psychosoziale Beratung ist professionelles Handeln mit eigenen Ausbildungsgängen, einem eigenen Setting[87] und einem methodischen Handwerkszeug. Sie kann von den aufklärenden Ärztinnen und Ärzten nicht gleichzeitig durchgeführt werden. Psychosoziale Beratung sollte an einer von Anbietern vorgeburtlicher Diagnostik unabhängigen Stelle stattfinden, um einer Vermischung mit wirtschaftlichen, wissenschaftlichen, professionspolitischen und in zunehmenden Maße haftungsrechtlichen Interessen vorzubeugen..."

Was die psychosoziale Beratung betrifft, so muss in Österreich eine flächendeckende Infrastruktur erst geschaffen werden, die den genannten Kriterien entspricht.

Bei einer geplanten Hausgeburt zahlt die Krankenkasse in der Schwangerschaft zwei Besuche der Hebamme, die kompetent Auskunft geben kann.

OA Dr. Arzt berichtete beim 3. Linzer Symposium für Pränatalmedizin[88], dass in den letzten 2 Jahren alle Schwangeren, die in die Linzer Frauenklinik zum Ultraschall kamen, folgende Erklärung unterschrieben haben:

„... Die Ultraschalluntersuchung ist ein bildgebendes Verfahren, das nach heutigem Wissensstand keine negativen

87 Einstellung / Bezugspunkt
88 am 10.November 2000

Auswirkungen auf das ungeborene Kind hat. Das gilt auch für wiederholte Untersuchungen.

Auch bei guter Gerätequalität, größter Sorgfalt und Erfahrung des Untersuchers kann nicht erwartet werden, dass zu jedem Zeitpunkt der Schwangerschaft alle Fehlbildungen und Erkrankungen erkannt werden können.

Es ist möglich, dass kleine Defekte unerkannt bleiben, z. B. ein Loch in der Herzwand, eine Lippen-Kiefer-Gaumenspalte, kleinere Defekte im Bereich der Wirbelsäule sowie Finger- und Zehenfehlbildungen, um nur einige Beispiele anzuführen.

Die Beurteilbarkeit des ungeborenen Kindes kann durch ungünstige Untersuchungsbedingungen erschwert sein, z. B. verminderte Fruchtwassermenge, ungünstige Kindeslage, kräftige mütterliche Bauchdecke, Narben usw.

Im Besonderen muss darauf aufmerksam gemacht werden, dass Chromosomenstörungen (z. B. Trisomie 21) oder Stoffwechselerkrankungen mittels Ultraschall-Untersuchung allein nicht erkannt werden können. Hierfür sind Eingriffe wie Fruchtwasserpunktion, Plazentapunktion oder kindliche Blutuntersuchungen durch Nabelschnurpunktion notwendig. Hinweise auf ein erhöhtes Risiko für Chromosomenstörung könnte der Triple-Test, das ist eine Ultraschall-Untersuchung sowie Blutabnahme zur Bestimmung der Schwangerschaftshormone zwischen der 16. und 20. Schwangerschaftswoche, liefern.

Aus einem unauffälligen Ultraschallbefund kann daher nicht mit absoluter Sicherheit abgeleitet werden, dass das Kind normal entwickelt und gesund geboren wird …“

Dies ist eine umfassende Aufklärung, die keine Missverständnisse erlaubt. Frauen, die diese Untersuchung nicht wollten, haben diese schon vorher verweigert, obwohl beim niedergelassenen Frauenarzt nicht so umfassend aufgeklärt wird.

Etwas anderes ist die Bestimmung des Geburtstermines mittels Ultraschall. Wenn eine neue Methode zu demselben Ergebnis führt wie die bewährte, dann ist sie brauchbar. Frauenärzte bestimmen das Gestationsalter[89] mittels Scheitelsteißlänge (SSL) oder biparietalem Durchmesser (Schädeldurchmesser von Schläfenbein zu Schläfenbein) und so den Geburtstermin (GT).

Auf Grund dieser Ultraschallmessungen kommt es immer wieder dazu, dass Frauen zwei Wochen zu lange arbeiten - der Mutterschutz steht ihnen acht Wochen zu - oder, dass sie die letzten zwei Wochen täglich wegen Gefahr der Übertragung ins Krankenhaus müssen, damit ein Arzt prüfen kann, ob die Portio - der Muttermund - schon reif sei. Es ist eine unangenehme und belastende Prozedur, die die Arbeitsplätze der Ärzte sichert! Frauen, die nur auf ihren Körper gehört haben, die Herzschläge ihres Kindes gehört (bei der Hebamme) und die Bewegungen gespürt haben, haben diesen GT des Gynäkologen ignoriert und, als das Kind wollte, ein ausgetragenes Kind bekommen, zu dem Zeitpunkt, der durch die Berechnung des Geburtstermins nach der letzten Regel eruiert wurde.

89 Alter des ungeborenen Kindes ab dem Zeitpunkt der Befruchtung

Die Frage erhebt sich, welche Effizienz der Ultraschall in der normalen Schwangerschaft hat. Sollen Frauen weiter von Apparaten abhängig gemacht werden?

Für die MuK-Untersuchung ist der Ultraschall nicht verpflichtend, frau kann ihn ablehnen und/oder die Untersuchung bei der Hausärztin machen lassen.

Wie ist die rechtliche Situation bei vorgeburtlichen Diagnosefehlern?

Ein Beispiel:

Einer Frau hat man im AKH Wien auf Grund des Ultraschalls gesagt, ihr Kind sei gesund. Es stellte sich heraus, dass dem nicht so war. Das Kind hatte keine Unterarme und keinen linken Unterschenkel. Die Mutter klagte die Ärzte wegen unerwünschter Geburt auf Schadenersatz. Die Mutter des Kindes behauptete, sie hätte sich zu einer Abtreibung entschlossen, wenn sie rechtzeitig von den Missbildungen Kenntnis gehabt hätte. Sie begehrte von den Ärzten bzw. dem Träger des Krankenhauses den Ersatz jenes Schadens, der sich aus den Mehrbelastungen auf Grund der Behinderung des Kindes ergibt, den Ersatz ihres Verdienstentganges für die Zeit der Pflege und Betreuung und die Zahlung eines Schmerzensgeldes für die erlittenen und noch zu erleidenden seelischen Schmerzen, da sie durch die Geburt ihres Kindes in einen Schockzustand versetzt worden sei und Zeit ihres Lebens bei seinem Anblick mitleiden müsse.

Attila Fenyves und Christine Hirsch, zwei Rechtswissenschaftlerinnen, erklären dazu:

Derartige Ansprüche werden international unter den Schlagworten „wrongful life“ und „wrongful birth“ diskutiert. In Österreich hat die Frage nach Schadenersatzansprüchen in Folge planwidriger Geburt bislang keine große Aufmerksamkeit gefunden; nur wenige Autoren haben sich dazu geäußert, jedoch ist damit zu rechnen, dass das Interesse an dieser Problematik zunimmt.

Juristisch heißt der Fetus (das ungeborene Kind) Nasciturus und ist nur beschränkt rechtsfähig, d. h. er kann unter der Bedingung der Lebendgeburt Rechte erwerben. Ihm kann als Träger des Persönlichkeitsrechtes daher auch ein Schadenersatzanspruch auf Grund einer vorgeburtlichen Verletzungshandlung eines Dritten zustehen. Im konkreten Fall war aber das Verhalten der Ärzte, welche die Missbildung nicht erkannten, für das Vorliegen der Behinderung des Kindes nicht kausal. Ihr Fehlverhalten hat keine Verletzung der körperlichen Integrität des Kindes, keine Verschlechterung des Gesundheitszustandes bewirkt. Kausal war es nur dafür, dass die Mutter nicht von der embryonalen Schädigung des Kindes erfuhr und es deshalb zu keiner Abtreibung gekommen ist, also dafür, dass das Kind überhaupt zur Welt gekommen ist. Der Schaden des Kindes konnte somit nur darin liegen, dass es ein mühsames, aufwändiges und vielleicht qualvolles Leben führen muss. Es stellt sich also die Frage, ob auch die unerwünschte eigene Existenz einen Schaden darstellen kann.[90]

90 R d M 2000 Seite 10 bis 20.

In der Entscheidung des OGH machten die Eltern unter anderem auch eigene Schadenersatzansprüche des Kindes gegen den Arzt geltend, der die schwere Schädigung nicht erkannt hatte, weshalb es zu keinem Schwangerschaftsabbruch gekommen war. Der OGH lehnt derartige Ersatzansprüche aus der eigenen unerwünschten Existenz ab.

Da sich der OGH dazu entschlossen hat, Unterhaltskosten für ein behindertes Kind als grundsätzlich ersatzfähig anzusehen und daher damit zur rechnen ist, dass entsprechende Ansprüche in Zukunft vermehrt geltend gemacht werden, entsteht für geburtshilflich tätige Ärzte und Ärztinnen eine empfindliche Deckungslücke. Sie entbehrt des Versicherungsschutzes gerade in einem Bereich, der zweifellos zum „Kern" ihres Berufsbildes gehört.

Die Feststellung, dass die Unterhaltsschäden der Eltern durch die Haftpflichtversicherung nicht gedeckt sind, bedeutet noch kein endgültiges Urteil über die Frage, ob die Ärzte oder Krankenhausträger die Schäden selbst tragen müssen.

Zusammenfassend lässt sich sagen:

- Einem Kind stehen aus „wrongful life" keine Schadenersatzansprüche zu. Da es sich bei diesen Ansprüchen, selbst wenn man sie bejahen würde, nicht um solche aus einer Körperverletzung handelt, ist der Haftpflichtversicherer weder zur Befreiung noch zur Verteidigung der Schuld tragenden Ärzte verpflichtet.

- Sofern Eltern (Elternteile) durch „wrongful birth“ eine Körperverletzung erleiden, besteht Schutz aus der Basisdeckung. Rein seelische Schmerzen, also solche, die nicht zu einer Körperverletzung führen, sind hingegen nicht gedeckt.
- Die aus „wrongful birth“ resultierenden „Unterhaltsschäden“ bzw. Verdienstentgangs-Schäden der Eltern (eines Elternteils) stellen reine Vermögensschäden dar und sind als solche nur bis zu einer relativ geringen Versicherungssumme gedeckt.

Ein Urteil des österreichischen Obersten Gerichtshofes aus dem Jahre 2008, das unter dem Titel „das Kind als Schaden“ in die Medien eingegangen ist, verschlechtert die Lage. De facto wäre es für jeden Frauenarzt/jede Frauenärztin besser, bei jeder Unregelmäßigkeit zu einer Abtreibung zu raten, um seine/ihre Haut zu retten. Das ist keine ärztliche Aufgabe!

Von all diesen Überlegungen weiß die Schwangere natürlich nichts. Ein Arzt, der Defensivmedizin in Reinkultur betreibt, muss natürlich der Frau zum Abort (Schwangerschaftsabbruch) raten, denn dann wird es keinen Grund zur Klage geben. Ich bezweifle, dass die gewesene Schwangere im Normalfall zu einem Obduktionsbefund ihres abgetriebenen Kindes kommt, wenn es überhaupt einen gibt. Sie wird nicht beweisen können, dass ihr Kind gesund war.

Theoretisch wäre es auch möglich, aus dem abgetriebenen Kind embryonales Gewebe zu züchten. Es soll Wissenschaftler geben, die aus Profilierungssucht die Ethik vergessen.

Wenn eine Frau ein Kind verloren hat und sie kommt in die Klinik, ist die erste Frage, wo ist die Frucht? Leider fällt sie manchmal in die Toilette, dieser Vorgang ist unkontrollierbar. Frau kann nicht unterscheiden, wo es los geht! Ich erinnere mich daran, dass ich im Kreissaal um eine Schüssel gebeten habe. Die weisungsgebundene Hebamme sagte mir, ich müsse nicht! Ich bekam keine Schüssel!

Ich bringe dies an die Öffentlichkeit, damit unsere Töchter sich dagegen wehren können! Männer, die bei der Geburt dabei sein können, sind aufgerufen, ihre Frauen zu unterstützen, auch wenn sie es für ihre Frau tun und nicht nur für das Kind, wie manche Frauenärzte! Es werden oft Anordnungen getroffen, die nur dem Kind dienen, nicht der Frau und Ärzte vermitteln bisweilen den Eindruck, dass die Frauen gegen ihre Kinder sind und sie daher für das Kind Partei ergreifen müssen.

Ich halte das für pervers! Frauen, die ihr Kind nicht wollen, kriegen keines oder gebären es alleine ohne irgendeinen Beistand und setzen das gesunde Kind in der Bahnhofstoilette aus! Daran haben die Babynester nichts geändert! Das Vertrauen in die Obrigkeit ist eben nicht da! Da nützen keine Gesetze!

Ich lese immer wieder in der Presse, dass ein Kind im Krankenwagen auf dem Weg zur Klinik zur Welt kam und die Sanitäter haben so bravourös agiert! Sie haben natürlich einen Erste-Hilfe-Kurs!

Wenn ich als Ärztin für Allgemeinmedizin zusammen mit einer Hebamme eine Hausgeburt anbiete, dann wird das verteufelt! Wäre mein Sohn zu Hause gestorben unter denselben Bedingungen, hätte ich mich bei Gericht wieder gefunden! Die Kliniken wollen alles an sich reißen, haben dann aber nicht die Zeit oder das Personal. Es wird ja überall gespart. Die Kinder sollen sich auch gefälligst an den Dienstplan halten, am besten in der Kernarbeitszeit. Mein Sohn wollte um 4 Uhr früh auf die Welt kommen!

Am besten wird das mit einem geplanten Kaiserschnitt geregelt, dann weiß die Frau, warum ihr etwas weh tut. Leider wird heute aus Zeitgründen nicht mehr überall die Wunde schichtweise verschlossen. Es kommt in der Folge zu Verwachsungen, die Schmerzen machen können. Im Falle einer weiteren notwendigen Bauchöffnung sieht es dann schlecht aus.

Es wird immer wieder Frauen geben, die einen Kaiserschnitt brauchen, möglicherweise Zuckerkranke, Schwangere, bei denen sich der Mutterkuchen vorzeitig löst oder bei denen der Mutterkuchen im Geburtsweg liegt. Sie werden ohne Kaiserschnitt kein Kind bekommen. Da hätte der Ultraschall einen sinnvollen Einsatz zur Indikationsstellung[91], aber einen weiteren zahlt ja die Kasse nicht!

Nur die Frauen an der Basis selbst können etwas ändern! Ich erinnere mich daran, als das „rooming in"[92] neu war: Man-

91 Prüfung medizinischer Notwendigkeiten
92 das räumliche und zeitliche Zusammenleben der Mutter mit dem Kind auf der Geburtenstation

che Häuser wollten es nicht einführen, weil es so viel Aufwand ist. Da könnten die Mütter ja mitreden bei der Säuglingspflege! Also fuhren die Schwangeren in eine andere Stadt und die eigene Frauenklinik blieb leer! Auf einmal war das gar nicht mehr so aufwändig und wurde auch eingeführt.

Bezüglich Säuglingspflege muss natürlich auch ein Facharzt her, ein professoraler[93] am besten! Als im AKH Wien ein Säugling entführt worden war, hat ein Kinderarzt und Lehrstuhlinhaber über das Fernsehen einen Aufruf an die Entführerin gemacht, wie sie das Baby pflegen soll. Die Profilierung an der Öffentlichkeit ist schon etwas Verführerisches! Wenn die Mutter einen Aufruf gemacht hätte, hätte ich das verstanden!

Schwangere sollten die freie Wahl haben, wo sie ihr Kind bekommen möchten. Sie können sich natürlich vorab in den Häusern erkundigen, aber bei den von Männern abgehaltenen Vorträgen hört sich das immer anders an, als es dann ist. Das bestätigen auch Väter. Bei der Hausgeburt haben wir dann häufig Zweitgebärende, die bei ihrer ersten Geburt sehr enttäuscht von den Kliniken waren.

Eine schwangere Frau sollte sich nur mit guten Gedanken beschäftigen, gute Worte hören und gute Gefühle hegen. Wenn sie Musik mag, soll sie sich ihre Lieblingsplatte auflegen. Das entspannt. Auf Krimis sollte sie verzichten. Sie sind alle auf Spannung aufgebaut. Es liegt in der Verantwortung der werdenden Mutter, wie sie die Zeit gestaltet, damit sie sich

93 ein Professor bzw. einem Professor entsprechend

und ihrem Kinde dient. Nie wieder im Leben sind Mutter und Kind einander so nahe. Aufregungen übertragen sich genauso auf das Kind wie Freude. Geben Sie Ihrem Kind einen guten Start ins Leben! Über die guten Gedanken sind sie mit anderen Müttern weltweit verbunden.

Schwangere, die in tiefe Entspannung gehen, können so mit ihrem ungeborenen Kind Kontakt aufnehmen. Sie brauchen zur Geschlechtsbestimmung keinen Ultraschall, für sie kommt auch nur ein Name für das Kind in Frage.

Entbindung

Da es zu viele Gynäkologen gibt, werden mehr und mehr gesunde Frauen und normale Vorgänge zu den Fachärzten und in die Krankenhäuser reklamiert. Wenn frau bei einem niedergelassenen Gynäkologen den Wunsch zu einer Hausentbindung äußert, bekommt sie eine massive Abfuhr. Sie sei unverantwortlich und gefährde das Leben ihres Kindes, so wird ihr Angst gemacht.

Tatsache ist, dass die Menschheit schon ausgestorben wäre, wenn das Gebären nur unter Anwesenheit eines Facharztes möglich wäre. Wie die Kindesweglegungen zeigen, geht das manchmal ganz von selbst und alleine. Andere Frauen gebären im Krankenwagen. Bis sie die Klinik erreicht haben, ist das Kind schon geboren. Statistisch gesehen dürfte es nur 5% Risikogeburten geben, alle anderen müssten normal verlaufen, wenn es der Frau erlaubt ist, die Zeit zu nehmen und niemand interveniert.

Während meiner Ausbildung zur praktischen Ärztin in Österreich habe ich immer wieder beobachtet, dass man Geburten unter allen möglichen Titeln beschleunigt. Natürlich gibt man den Frauen zu verstehen, es sei für sie und das Kind besser so. Die Geburtswege haben so nicht die Zeit, langsam aufzudehnen. Bei der Hausgeburt hat frau diese Zeit, daher reißt das Gewebe nicht so häufig und wenn, dann nicht so viel. Es wird auch weniger geschnitten, weil die Hebamme immer eine Frau ist. Sie betreut zu Hause nur eine einzige

Gebärende und hat daher auch Zeit, sich richtig um sie zu kümmern.

Der Kindesvater ist zu Hause und muss nicht einen anderen Mann fragen, ob er bei seiner Frau sein darf. Wenn er dabei sein möchte, soll er diese Gelegenheit haben! Es ist kein Nachteil, wenn er in das Familiengeschehen eingebunden ist, so weit er es sich eben zumuten will, so er kein Mediziner ist. Auch ältere Geschwister können das neue Familienmitglied besser integrieren, wenn sie es einige Stunden nach der Geburt im Arm halten können.

Es gibt eine Rechtsprechung, nach der Frauen gleich bei der Aufnahme auf der Station sagen müssen, was sie wollen, ansonsten entscheidet der/die diensthabende Arzt/ Ärztin, was geschieht. Das gilt auch für das Kind, wenn es geboren worden ist. Sollten Sie also der Meinung sein, es brauche keine Augentropfen, keine Vitamin-D-Tropfen, keine Vitamin-K-Tropfen oder keinen PKU-Test (mittels Fersenstich auf eine seltene Stoffwechselerkrankung), dann müssen sie es bei der Aufnahme gleich sagen und das medizinische Personal muss sich daran halten.

Germain Greer zitiert in ihrem Buch „The whole woman" John A. Walsh „Unlike most obstetricians who prefer to make episiotomy for a variety of rationalisations, midwives take greater pride in maintaining an intact perineum. This is the hallmark of a real midwive and is genuine proof of her patience and loving touch."

[*Ungleich vielen Geburtshelfern, die es vorziehen einen Damm-*

schnitt zu machen, aus einer Vielzahl von Gründen, ist es der Stolz der Hebammen einen intakten Damm zu erhalten. Das ist das Markenzeichen einer wahren Hebamme und ist der echte Beweis ihrer Geduld und liebevollen Berührung.]

Sie schreibt weiter: „Even in America, where a cut in time earns money and avoids a malpractic suit because everything possible will be seen to have been done, the routine practice of episiotomy has been under review."

[*Sogar in Amerika, wo ein Schnitt zur rechten Zeit Geld bringt und einen Kunstfehlerprozess vermeidet, denn alles Mögliche, wird man (später) sehen, ist getan worden, wird die Routinepraxis des Dammschnittes überdacht.*]

Sobald der Muttermund aufgedehnt ist, beginnen die Presswehen. Die Frau kann die Beine anwinkeln und mit ihren Händen die Unterschenkel zum Körper pressen und so den Druck verstärken. Wenn sie nicht auf dem Rücken liegen will, kann eine andere Person ihr Bein halten. Sie kann auch mit den Händen den Kopfteil ihres Bettes weg drücken, um so die Presswehen zu optimieren. Die Hebamme macht in dieser Zeit den Dammschutz mit ihrer Hand, in der sie ein warmes Tuch hat. Die meisten Schmerzen sind zu diesem Zeitpunkt schon vorbei. Eine Durchtritts-Narkose ist nicht notwendig. Damit hat man früher den Frauen den schönsten Augenblick vorenthalten und ihnen vermittelt, das hätte noch mehr weh getan. Sie müssten dankbar sein, dass man ihnen das erspart hat.

Dabei hat oft das Kind von der Narkose etwas abbekommen und Schwierigkeiten beim Atemholen gehabt. Heute hört man davon weniger, viel mehr aber von einer Vollnarkose und einem Bauchschnitt. Die Nachgeburt kommt meist von selbst und schmerzt - verglichen mit den Öffnungswehen - nicht mehr. Sollte der Mutterkuchen einmal nicht von selbst ausgestoßen werden, ist eine Vollnarkose angezeigt.

Diese betrifft das Kind nicht mehr. Es liegt schon in einem weichen Tuch im Arm der Mutter oder unter einer wärmenden Lampe.

In der Cochrane-Bibliothek, einer internationalen, wissenschaftlichen Datenbank im Internet, gibt es nur 8 Studien, die wissenschaftlichen Kriterien entsprechen und sich mit Dammverletzungen bei der Entbindung beschäftigen. Von diesen 8 gibt es nur drei, die der Frage nachgegangen sind, wie es Frauen nach drei Monaten geht. Dann hat niemand mehr gefragt, ob sie noch Schmerzen haben. Nach Schätzungen der Childbirth and Pregnancy Group leiden 70% der Frauen weltweit stumm an Dammverletzungen. Die Methoden der in der Analyse aufgenommenen Studien wurden an folgenden Symptomen bewertet:

- Kurzfristige Schmerzen
- Verbrauch von Schmerzmitteln
- Nahtdehiszenz (Aufgehen der Naht)
- Nochmaliges Nähen
- Langfristige Schmerzen
- Schmerzen beim Verkehr
- Entfernen der Nähte

Nach Meinung dieser Gruppe könnten die Defektheilungen am Damm geringer sein, wenn man neues Nahtmaterial finden könnte, welches das Gewebe nicht reizt und sich in angemessener Zeit von selbst auflöst. Cutgut ist seit dem Jahr 2000 als Nahtmaterial verboten. Cutgut ist tierischen Ursprungs und es bedurfte der BSE Krise für diese Entscheidung.

Zum Vergleich: Viagra war bis zum selben Zeitpunkt weltweit an 6500 Männern in 46 Studien getestet worden.

Studien bezüglich Nähen des Dammtraumas werden überraschender Weise vernachlässigt. Solche Studien sollten, wie Grant bereits vor vielen Jahren festgestellt hat, an erster Stelle stehen, da das Ausmaß an Krankheit, kurz- und langfristig, für Frauen auf der ganzen Welt reduziert werden soll.

Da es eine Tatsache ist, dass viele Frauen eine Dammnaht brauchen, und viele unter Dammverletzungen leiden, sollten Forschungen unterstützt werden, um das Problem zu minimieren. Man sollte beachten, dass synthetische Fäden oftmals entfernt werden müssen, wie Dexon® und Vicryl®, daher ist es dringend notwendig, alternatives Nahtmaterial zu erforschen und Langzeit-Untersuchungen zu machen.

Es ist lebensnotwendig, dass ein alternatives Nahtmaterial in kontrollierten randomisierten[94] Studien evaluiert wird, bevor es in der Praxis angewendet wird. Wie der Rezensent aber sagte, sind solche Studien nicht spektakulär. Für mich heißt das, man kann sich damit nicht profilieren.

---

94 Studien, bei denen die Zuordnung zur Prüf- bzw. Kontrollgruppe nach dem Zufallsprinzip geschieht

Es gibt Statistiken, die beweisen, dass nach einem Dammschnitt das Gewebe erst recht weiter reißt. Bei 1,4 % der Entbindungen kam es nach Dammschnitten noch zu einem Dammriss dritten Grades, während Dammrisse ohne Episiotomie[95] nur bei 0,9 % der Entbindungen auftreten.

Germaine Greer berichtet von einer Selbsthilfegruppe, in der von Ärzten erzählt wird, die ihren Patientinnen raten, vor dem Geschlechtsverkehr eine Flasche Wein zu trinken, damit sie die Schmerzen, welche die Dammnarbe macht, nicht so stark spüren.

In einem anderen Fall wurde einem Gatten ein betäubender Spray gegeben, den er vor dem Verkehr auf den Damm aufbringen sollte.

Eine Studie von britischen Allgemeinmedizinern beweist, dass eine Entbindung eine Verschlechterung der sexuellen Beziehung nach sich zieht. Sie befragten 131 Ehepaare, die acht Monate vorher ihr erstes oder zweites Kind bekommen hatten, nach der Qualität ihrer Beziehung. Sowohl die eheliche als auch die sexuelle Beziehung wurde von beiden Partnern als schlechter als vor der Geburt des Kindes eingestuft. Die Frequenz des Geschlechtsverkehrs hatte abgenommen.

Tatsache ist, dass in vielen Krankenhäusern dem vorbeugenden Dammschnitt gefrönt wird. Als meine Generation Kinder bekam, meinte man, durch einen vorbeugenden Schnitt

95 Dammschnitt

würde der Beckenboden entlastet und frau bekäme später kein Lockerwerden und Hinabhängen des Gewebes (Descensus). Damit kann dann auch ein unfreiwilliger Harnverlust verbunden sein. Inzwischen weiß man, dass diese Rechnung nicht stimmt.

Prof. Dr. Heinz Kölbl sagte auf einer Inkontinenztagung[96], man hätte gelernt und mache das nicht mehr, die prophylaktische Episiotomie[97] sei außer Gebrauch. Leider haben nicht alle daraus gelernt! Es gibt Geburtshelfer, die schon dreißig Jahre dasselbe machen und immer noch „vorbeugend" schneiden. Es gibt auch einen Gutachter, der den Geburtshelfer exculpiert[98], wenn nur der Dammschnitt groß genug gemacht worden ist. **Daher wird in manchen Häusern, einem Kunstfehlerprozess vorbeugend, weit geschnitten!**

Das heißt: Wenn der Gutachter bei einem Kunstfehler-Prozess gesehen hat, dass weit genug geschnitten worden ist, ist alles getan worden, was möglich ist und den Arzt trifft keine Schuld, wenn etwas passiert.

Jedenfalls hat keiner der Ärzte ein Unrechtsbewusstsein für das, was sie mit dem Dammschnitt anrichten.

96 Inkontinenz = Unvermögen etwas (med. insb. Körperausscheidungen) zurückzuhalten, in Klagenfurt 1997
97 der vorbeugende Dammschnitt
98 entschuldigt bzw. „von Schuld freispricht"

Störungen außerhalb des Genitalbereiches werden überhaupt nicht diagnostiziert

Ein posttraumatisches[99] Belastungssyndrom (PTBS) kennt man meist nur von Folteropfern, Geiseln oder Überlebenden einer Naturkatastrophe. Aber auch eine Entbindung kann zu einer derartigen Störung führen, obwohl sie streng genommen gar nicht zu den "Belastungen außerhalb des normalen Bereichs menschlicher Erfahrungen" zählt, erklärte Univ. Professorin Dr.[in] Anke Rhode von der Universitätsfrauenklinik Bonn.

Es ist das subjektive Empfinden des Geburtserlebnisses, das die Geburt zum Trauma macht. Es ist das Gefühl, ausgeliefert, hilflos und ohne Kontrolle über das Geschehen zu sein. Eine Befragung in dieser Klinik ergab, dass von 425 jungen Müttern vier unter dem Vollbild eines PTBS litten, ohne jemals behandelt worden zu sein. Unter meinen Patientinnen ist keine, bei der dieses Syndrom von den Fachärzten diagnostiziert worden ist.

In einer Studie wird vom Zunehmen einer pränatalen (vor der Geburt) Depression berichtet, was ich auch auf die Art und Weise der Schwangerenbetreuung zurückführe.(Studie der University of Bristol, die der leitende Wissenschaftler Dr. Jonathan Evans veröffentlichte)[100] Die Depression wird in den meisten Fällen ignoriert.

99 nach schwerer Verletzung, bzw. gewaltsamer „Verwundung" auftretendes ...
100 Ärztewoche vom 16. August 2001 Seite 16

Es mangelt an qualifiziertem Personal

Eine Studie der Universität Marburg (Deutschland) besagt, dass Kinder, die in der Nacht zur Welt kommen, doppelt so häufig bei der Geburt sterben wie am Tag geborene. Möglicherweise sei eine schlechtere medizinische Betreuung in der Nacht die Ursache, meinen manche Forscher.

Auch in Österreich wird das Arbeitszeit-Gesetz nicht eingehalten. KollegInnen machen tage- und nächtelang Dienst ohne Ablöse.

Ein Linzer Vater berichtete mir stolz, er sei bei der Geburt dabei gewesen, da hätte ein übernächtigter, grantiger Oberarzt Dienst gehabt, der in rüdem Ton mit den Frauen geredet hätte.

„Mit meiner Frau hat er nicht so geredet, denn ich war ja dabei!"

In welcher Gesellschaft leben wir, dass eine Frau möglichst nur in Begleitung ins Krankenhaus geht?

Ein Professor in Wien macht auf Wunsch einen Kaiserschnitt in der Kernarbeitszeit! Da hat er dann alles unter Kontrolle. Weiters möchte er, dass Entbindungen zentralisiert werden, nicht nur, dass sie stationär stattfinden müssen, (um die Facharztposten zu sichern) sondern, es sollen nur einige Zentren dazu befugt sein, die sich dann absprechen und bestimmen, wie alles abzulaufen hat. Frauen haben unter diesem Regime keine Stimme. Es ist dann auch nicht mehr möglich, eine Zweitmeinung einzuholen.

Bei Entbindungen unter stationären Bedingungen wird meist ein Venenzugang gelegt, damit nach Gutdünken Medikamente zugeführt werden können. Wenn gerade nichts los ist, können die Wehen beschleunigt werden und bei einer „Sekundafrau" die Wehen gebremst werden, bis der Herr Primar kommt. (Diese Zeugen wollen anonym bleiben!) Frauen, die sich gegen einen Venenzugang wehren, werden beschimpft.

Aus einem OGH Urteil[101] geht hervor, dass die Frau (im Originaltext Patientin) gleich beim Eintreffen ins Krankenhaus ihre Wünsche bezüglich Geburtsmethode äußern muss. Wenn sie das nicht tut, darf der diensthabende Arzt (meistens männlich) diese Entscheidung für sie treffen. Laut OGH sind Wünsche der Frauen zu berücksichtigen. Es muss Aufklärung und eine Dokumentation darüber geben. So sie nun den Wunsch nach einer Wassergeburt äußert und der Arzt das nicht will, könnte er Gründe anführen, warum das nicht geht. Es soll auch schon vorgekommen sein, dass in der Dokumentation nachher etwas anderes steht. Nicht immer hat das Konsequenzen für den Arzt.

Vorteile der Hausentbindungen

Ole Olsen, ein dänischer Statistiker, hat 6 kontrollierte Studien einer Metaanalyse[102] unterzogen und kindliche und mütterliche Morbidität (Krankheit) und Mortalität (Sterblichkeit)

---

101 10 Ob 107/02 m

102 statistische Zusammenfassung verschiedener Untersuchungen zur Größeneinschätzung eines Allgemeineffekts

miteinander verglichen. Es wurde nicht bewiesen, dass Klinikgeburten sicherer sind.

Eine gute Entbindung ist nicht eine schnelle. Wenn es zu schnell geht, kann sogar der knöcherne Beckenring gesprengt werden, was wiederum der Frau lange Beschwerden macht. Dafür war aber das Kind ganz schnell da! Wem nützt das?

Unterwassergeburten

Während noch vor einigen Jahren Unterwassergeburten verboten waren, weil das Kind ertrinken könnte, hat die Wissenschaft herausgefunden, dass der „diving-Reflex[103]“ das verhindert, solange das Kind noch nicht geatmet hat. Schließlich und endlich lebt das Kind ja auch im Mutterleib im Fruchtwasser. Bei Wassergeburten entspannen sich die Frauen in einem Wasserbecken mit einer Wassertemperatur von 32 -36° C.

Dr.in Katharina Teiche berichtete auf der Oberösterreichischen Fortbildung für Gynäkologie in Hinterstoder, dass das Zahlenmaterial in OÖ zwar noch klein sei, aber man könne schon erkennen, dass der Bedarf an Schmerz stillenden Medikamenten deutlich niedriger ist und es zu weniger Dammschnitten und Geburtsverletzungen kommt. Es zeigte sich jedoch kein Unterschied im fetalen „outcome“. Im Standardkrankenhaus Kirchdorf fand bereits die 500. Wassergeburt statt.

---

103 Tauchreflex

Insufflierbarer[104] Scheidendehner

Anwendung des Epi-no®, eines insufflierbaren, ballonförmigen Scheidendilatators[105]:

Diese Geburtstrainer sollen den Geburtskanal schonend mechanisch vordehnen und somit die Dammschnittrate verringern und das „fetale outcome[106]" verbessern. In einer Studie an 50 Schwangeren aus dem Krankenhaus rechts der Isar in München und aus der Praxis von Dr. W. Horkel, Starnberg zeigte sich eine eklatante Verringerung der Dammschnittrate. Bald soll dieses wie ein Blutdruckmesser aufblasbare Gerät auch in Österreich erhältlich sein.

Ich beurteile eine geburtshilfliche Abteilung nach der Dammschnittrate. Natürlich ist sie im Krankenhaus höher als bei der Hausgeburt, da dort auch komplizierte Geburten stattfinden.

Kleinere Abteilungen mit mehr Zuwendung

In einer kleinen, geburtshilflichen Abteilung kamen 553 Kinder zur Welt, davon 419 spontan, 40 per Kaiserschnitt, 33 mussten mittels Saugglocke geholt werden, bei der schon bei der ersten Geburt einer gemacht worden war. In 20 Fällen musste bei der Frau ein Kaiserschnitt gemacht werden. Hockergeburten gab es 16, Wassergeburten 11, Seitenlage 7

104 aufblasbarer

105 Ein Dilatator ist ein Zylinder der in die Scheide eingeführt wird, um diese allmählich zu dehnen. Es gibt ihn in verschiedenen Größen, so dass die Scheide auch Schritt für Schritt erweitert werden kann.

106 Ergebnis für das Ungeborene

und 4 mit Manualhilfe. Es gab 150 Dammschnitte, das sind 27,7%.

Das Geburtenregister Tirol ist ein Qualitätsverbesserungsprojekt im perinatologischen (rund um die Geburt) Bereich. Dies sollte man in ganz Österreich einführen. Es werden in diesem Register die wesentlichen Parameter aller Geburten erhoben und es kommen den Abteilungen regelmäßig Tabellen und Grafiken zu, mit denen die Leistungen der eigenen Abteilung mit allen anderen Abteilungen (anonymisiert) verglichen und entsprechende Konsequenzen eingeleitet werden können.

Außerdem werden Nebenziele erreicht:

- Transparenz und Demonstration der geburtshilflichen-perinatologischen Qualität gegenüber der Öffentlichkeit
- Sachbezogene Unterlagen für Verbesserungsvorschläge unseres Gesundheitswesens
- Gewinnung valider[107] Unterlagen zur Beantwortung wichtiger geburtshilflich-perinatologischer Fragestellungen, die nur aus einem großen Datenmaterial möglich sind.

Ganz wichtig ist, dass Frauen über ihre Erfahrungen nicht schweigen. Um etwas bewirken zu können, müssen wir miteinander reden.

---

107 gültig, rechtskräftig

Frauen in der Familie müssen Fakten weitergeben, damit nicht bei derselben Familienanamnese derselbe Fehler noch einmal gemacht wird. Töchter müssen Mütter fragen! In den meisten Fällen reden Mütter nicht unaufgefordert!

Im Freundinnenkeis ist das schon leichter.

Tradition ist die Weitergabe des Feuers und nicht die Anbetung der Asche!

Daher müssen wir Netzwerke schaffen, über die wir Informationen an andere Frauen weitergeben. Im Zeitalter der Informationstechnik sollte das kein Problem sein. ***Nur eine informierte Frau kann bei den Frauenärzten ihre Rechte einfordern*** und abschätzen, wie sehr der Frauenarzt auf ihre Bedürfnisse eingeht. Eine etwaige Frage nach einer Zusatzversicherung sollte nicht beantwortet werden. Die Diagnose und Therapie darf nicht davon abhängen.

Neugeborenengelbsucht

Nach Frauen und Männern sind nun auch die Säuglinge in ihren physiologischen[108] Abschnitten entdeckt worden. Die Neugeborenengelbsucht hat jedes Baby gehabt. Neuerdings muss diese auch diagnostiziert werden, wie wir aus Fachzeitschriften erfahren. Bei ambulanten Geburten, so heißt es, wird die Diagnose des Ikterus neonatorum[109] zeitlich in die Praxis der KinderfachärztInnen verschoben. Tatsache ist, dass der Hausarzt/die Hausärztin die Wöchnerin zu Hause besucht und die Mutter-Kindpass-Untersuchung in der ersten Lebenswoche vornimmt.

Es ist ein Unterschied für die Position der Eltern, ob ich bei ihnen auf Hausbesuch bin oder sie in der Praxis eines Kinderfacharztes/einer Kinderfachärztin oder in einer Klinik vorstellig werden müssen und de facto bei der Behandlung nichts mitreden dürfen.

1968 wurde mein Kind von der Geburtenstation in die Universitätskinderklinik transferiert, ohne mir das mitzuteilen. Auch vom Tod meines Kindes wurde ich erst bei der Entlassung aus der Frauenklinik unterrichtet. Alles wurde über meinen Kopf hinweg entschieden, von FachärztInnen, die in der Klinik „zu Hause“ sind. Bei meinem Kind wurde der Kernikterus[110] erst in Tabula (bei der Obduktion) diagnostiziert. Gibt es heute bessere Methoden?

---

108 die Funktionsweise des Körpers und seiner Organe betreffend
109 Neugeborenen-Gelbsucht
110 zellschädigende Einlagerung von Gallenfarbstoff in Stammhirnzellen

Früher war es eine Blickdiagnose, zwischen Ikterus (Gelbsucht) und Ikterus gravis (schwere Gelbsucht) zu unterscheiden. Heute macht man eine transkutane[111] Bilirubinbestimmung[112]. Dazu muss das Baby nicht gestochen werden (Prof. Dr. Michael Obladen von der Charite´ Berlin am Oster-Seminar-Kongress für pädiatrische Fortbildung in Brixen, Südtirol).

Es wird dann nur wegen des Blutzuckers gestochen. Eine Mutter erzählte mir bei der Mutter-Kindpass-Untersuchung nach vier Wochen, dass ihr Kind vom Geburtstag auf den nächsten Tag 17 Mal gestochen wurde. Dann ging sie nach Hause.

Der Ikterus gravis wurde immer stationär behandelt.

Zu Hause können die Eltern zu keiner Therapie gezwungen werden.

In einem Krankenhaus ist das anders. 1996 wurde ein Ehepaar jeweils zu 8 Monaten bedingt auf drei Jahre verurteilt, weil es mit der Behandlung in einer Kinderklinik nicht einverstanden war. Die Eltern fuhren mit ihrem Kind ins Ausland, weil sie sich dort eine Behandlung erhofften, wie sie sich diese vorstellten. Dazu kam es nicht. Die Interpol hat das verhindert. Mit der österreichischen Flugambulanz wurde das Kind nach Österreich zurückgebracht und den Eltern die Vormundschaft und das Sorgerecht entzogen. Der Jurist der Bezirkshauptmannschaft gab dann die Einwilligung zur Behandlung des Kindes so, wie die Ärzte es wollten. Die An-

111 durch die Haut
112 Bilirubin ist ein gelbes Abbauprodukt des roten Blutfarbstoffes Hämoglobin

klage hatte auf Entführung des eigenen Kindes gelautet. Betonen muss ich, dass es sich hier um eine Therapie handelte, weil das Kind krank war, zum Unterschied von vorbeugenden Maßnahmen.

Es kommt immer noch zu unliebsamen Situationen mit Kinderärzten und Kinderärztinnen.

Bei der Indikation für HRT (Hormonersatz) oder Sildenafil (Lustpille, der Mann muss immer können) geht es um Erwachsene.

Kinder haben nicht das Recht etwas abzulehnen, ihre Eltern auch nicht! Was ein Expertenteam am grünen Tisch entscheidet ist Standard! Wem gehört das Kind, den Eltern, den KinderärztInnen, dem Staat oder ...?

Ich werde mich nicht abhalten lassen, weiterhin Gesundenuntersuchungen bei Kindern durchzuführen. Fachärztin werde ich mich nicht nennen. Ich werde praktische Ärztin bleiben und die physiologischen Zustände so belassen, wie sie sind. Alles andere würde das Vertrauen zerstören!

Stammzellen

Man kann sie auch aus der Nabelschnur gewinnen. Das sind adulte (erwachsene) Stammzellen im Gegensatz zu den embryonalen Stammzellen, die wirklich nur aus Embryonen gewonnen werden können. Solche Embryonen fallen bei einem Abortus an und können auch künstlich im Reagenzglas gezüchtet werden. Bei der künstlichen Befruchtung im Falle von Kinderwunsch, werden mehrere Embryonen gezüchtet und eingefroren bis sie gebraucht werden.

Die Implantation kann trotz hormonell vorbereiteter Gebärmutterschleimhaut fehlschlagen. Dann wird ein neuer Versuch gestartet. Ansonsten müssen die überzähligen Embryonen nach einem Jahr vernichtet werden oder zu Forschungszwecken verwendet? Immerhin sind sie aus lebenden Keimzellen von Frau und Mann entstanden. Haben diese ein Mitspracherecht? In der Schweiz wurde im Mai 2002 ein Gesetz erlassen, das die Forschung mit solchen überzähligen Embryonen erlaubt.

Dabei muss die Auflage erfüllt werden, dass das betroffenen Paar informiert wird und seine Einwilligung gibt. Die Forschung und Gewinnung der Stammzellen muss vom Bundesamt für Gesundheit bewilligt werden, ethische Kriterien erfüllen und einen wissenschaftlichen Wert aufweisen. Die Bewilligung wird auch nur gegeben werden, wenn das Forschungsziel nicht auf andere Art erreichbar ist.

In Österreich ist derzeit die Gewinnung embryonaler Stammzellen verboten und die Einfuhr nicht explizit geregelt. In China, Belgien und Portugal gibt es keine Gesetze, die den wissenschaftlichen Umgang mit menschlichen Embryonen regeln. Konzerne, die diese Forschung verfolgen, werden sich eben dorthin zurückziehen. Bei der Geschwindigkeit, mit der unsere Regierung Gesetze macht und bei den Beratern, die sie sich aussucht, ist aber auch in Österreich noch alles möglich.

Der Vorstandsvorsitzende der Fa. Novartis sagte in einem Interview mit der Medical Tribune[113], dass sein Konzern sich an die jeweils geltenden Gesetze als Mindeststandard halten würde. Was heißt das in Portugal?

Adulte Stammzellen wurden in etwa 20 verschiedenen Gewebetypen und im Nabelschnurblut nachgewiesen. Allerdings sind die Stammzellen schwer aus den Geweben zu lösen. Sie haben gegenüber den embryonalen Stammzellen nur ein begrenztes Potenzial, da sie ja schon weiter differenziert sind. Stammzellen und alles, was damit zusammenhängt, hat es schon immer gegeben, sie wurden jetzt erst entdeckt, aber nicht erfunden. Sie sind daher auch nicht patentierbar.

Hat es nun Sinn, dass die Mutter nach der Geburt Nabelschnurblut abnehmen und einfrieren lässt, weil ihr Kind dieses später einmal bei einer etwaigen Krebserkrankung verwenden kann?

---

113 34. Jg. Nr.25 vom 19.6.2002

Univ. Prof. Dr Werner Linkesch von der klinischen Abteilung für Hämatologie[114] der Medizinischen Univ. Klinik Graz, sagte in einem Interview mit dem „Mediziner“, dass autologe[115] Nabelschnurstammzellen nicht verwendet werden, weil man damit die kranken Zellen zuführen würde.

„Das wäre unsinnig. Obwohl dies von privaten Institutionen beworben wird, führt man es nicht durch. A kann nicht etwas bewerben, was B nicht macht. Trotzdem wird den Menschen etwas verkauft, was es gar nicht gibt. Die schönen Versprechungen von privaten Firmen, die zunächst einmal ein Geschäft machen wollen, sind zur Zeit nicht realisierbar.“

Die Stammzellen sollen nicht ein weiteres Thema werden mit dem man schwangere Frauen unter Druck setzt. Inzwischen gibt es in OÖ eine Möglichkeit, kostenlos Nabelschnurblut zu spenden, aber es besteht kein Recht im Bedarfsfalle die Stammzellen für das Baby der Spenderin zu beanspruchen.

114 med. Fachgebiet bezogen auf Blut und blutbildende Organe
115 körpereigene

Kinderwunschabklärung

Sollte sich ein Paar ein Kind wünschen und die Frau trotz ungeschützten Verkehrs nicht schwanger werden, so kann sie zunächst einmal selbst feststellen, ob sie überhaupt einen Eisprung hat. Dazu gibt es mehrere Möglichkeiten:

Einmal kann sie jeden Tag in der Früh vor dem Aufstehen die Basaltemperatur[116] messen und in ein Koordinatensystem eintragen. Auf der waagrechten Linie zählt frau die Tage ihres Zyklus.

Am 1. Tag der Regel beginnt man mit 1 und nummeriert durch bis zur nächsten Regel.

Der 1. Tag der nächsten Regel ist wieder 1.

Auf der senkrechten Achse trägt frau die Temperatur ein in Zehntelgrad Celsius. Nach dem Eisprung (Ovulation) steigt die Temperatur um 0,5 Grad an, um dann wieder abzufallen. Ist dieser Temperaturgipfel vorhanden, ist der Eisprung gewiss. In der Zeit der Ovulation ist die Konzentration des Östrogens am höchsten und zwar so hoch, dass es Körperflüssigkeiten wie den Zervixschleim[117] oder den Speichel dazu veranlasst, sich im trockenen Zustand zu konfigurieren.[118]

Prof. Ratomir Ganovic aus Belgrad hat dazu klinische Studien gemacht. Mit dem Miniovulations-Mikroskop können sie zu Hause den Speicheltest machen. Sie tragen den Speichel auf die Optik auf, lassen ihn 10 Minuten trocknen und schau-

---

116 „Basistemperatur" des Körpers – insb. nächtliches Temperaturminimum
117 Gebärmutterhalsschleim
118 zu formen

en dann, ob sich der Speichel zu einer Farnkrautstruktur oder zu einer Kieselstruktur konfiguriert hat.

Sollten Sie eine Entzündung in der Mundhöhle haben, können Sie dasselbe mit dem Zervixschleim machen. Sie führen den Finger so weit in die Scheide ein, bis sie auf den runden Muttermund stoßen. Aus der Vertiefung in der Mitte holen sie den Zervixschleim. Auch den können Sie dann auf die Optik aufbringen. Die Methode ist nicht neu – Sie brauchen nur ein Mikroskop für den Hausgebrauch.

In der fruchtbaren Phase sieht frau eine Farnkrautstruktur und in der unfruchtbaren eine Kieselstruktur, das sind einzelne nicht verbundene Punkte. Sie kann so den Verkehr auf den optimalen Zeitpunkt legen. (VZO).

Wenn Sie nun wissen, dass Sie einen Eisprung haben und beim Verkehr zum optimalen Zeitpunkt (VZO) nicht schwanger werden, sollte Ihr Mann seine Spermien untersuchen lassen. Das ist auch ambulant möglich. Sie suchen mit ihm einen Urologen[119] mit Zusatzfach Andrologie[120] auf, wo in einem eigenen Zimmer seine Spermien gewonnen und zur Untersuchung weitergereicht werden.

Es wird geprüft, ob die Spermien in ausreichender Zahl vorhanden sind und ob sie leben.

Sind sie in Ordnung, so sollten Sie in einer Klinik ambulant prüfen lassen, ob Ihre beiden Eileiter durchgängig sind. Über die Scheide wird ein ungiftiger Farbstoff (Kontrastmittel) in

119 Facharzt für harnbildende und harnableitende Organe
120 „Männerkunde"

die Gebärmutter eingespritzt und beobachtet, ob dieser aus den Eileitern in die Bauchhöhle tritt. Dies ist laparoskopisch[121] und röntgenologisch möglich. Manchmal ist diese Prozedur eine Therapie. Der Farbstoff bzw. das Kontrastmittel könnte verklebte Eileiter aufdrücken. Wenn die Tuben verwachsen sind, ist das so nicht möglich.

Stresssituationen sollten in dieser Zeit vermieden werden. Setzen Sie sich nicht selber unter Druck! Eine unverarbeitete Trauer kann einem Kind ebenfalls entgegenstehen, wie ich an anderer Stelle noch erläutern werde. Manchmal ist eine Familienaufstellung in einer solchen Situation heilsam, manchmal hilft Homöopathie, weil der Frau die Zusammenhänge ja nicht bewusst sind. Sie wünscht sich ein Kind und körperlich ist alles in Ordnung bei beiden.

Ist kein Eisprung vorhanden, so kann die Funktion der Ovarien mittels Tabletten oder Injektionen angeregt werden. Die Hypophyse oder Hirnanhangsdrüse sendet Hormone aus, die die Ovarien[122] zu ihrer Funktion auffordern (Gonadotropine). Wenn die Eierstöcke so stimuliert werden, kommt es zu einer Eibläschenreifung und zum Eisprung. Manchmal kann der Eisprung auch homöopathisch ausgelöst werden. Der Biorhythmus ist ein höherwertiges Symptom und kann nicht mit niedrigen Potenzen, wie bei Krankheiten auf der Körperebene therapiert werden. Wenden Sie sich dazu an eine Fachfrau oder einen Fachmann!

121 mittels optischen Chirurgiewerkzeugen, die in den Bauchraum eingeführt werden
122 Eierstöcke

Bei der Einnistung des Eies in die Gebärmutterschleimhaut, kann es Komplikationen geben, wenn das Immunsystem verrückt spielt. Der Embryo ist seiner Mutter zwar verwandt, aber nicht identisch, so dass zwei verschiedene Lebewesen aufeinander treffen. Hier kommt dem HLA-System eine bedeutende Rolle zu. Das sind Erkennungsmerkmale, die auf allen Körperzellen sitzen und es dem Immunsystem ermöglichen, zwischen Mein und Dein zu unterscheiden.

Wenn die Zellen des Immunsystems erkannt haben, dass es sich um den Embryo handelt, orientiert es sich um und aktiviert statt der Abwehr- die Hilfsfunktion. Die Zellen sondern dann viele Substanzen (Sekrete) ab, die dem Embryo helfen, sich einzunisten, damit er gut wachsen kann.

Klappt dies nicht, so ist das Einnisten nicht möglich. Das Immunsystem kann mittels homöopathischem Konstitutionsmittel gestärkt werden.

Sollte zu wenig Gestagen[123] in der zweiten Zyklushälfte vorhanden sein, so kann der Embryo sich ebenfalls nicht einnisten. Die Frau wird zwar schwanger, kann aber das Kind nicht austragen. Bei Infektionen, z. B. mit Toxoplasmose[124], ist dies ebenfalls nicht möglich.

Eine Missbildung wäre ein Septum[125], das die Gebärmutter teilt. Sie ist durch das Zusammenwachsen der Müller´schen Gänge entstanden. Manchmal ist die Gebärmutter in unter-

123 Gelbkörperhormon
124 fruchtschädigende, parasitäre Infektionskrankheit
125 Trennwand

schiedlich große Räume geteilt. Nistet sich der Embryo im größeren Teil ein, so geht die Schwangerschaft gut. Ein Septum muss nicht immer die Schwangerschaft stören, aber es kann.

Myome[126], die in die Gebärmutterhöhle hineinragen, können ebenfalls das Fortschreiten der Schwangerschaft verhindern.

126 gutartige Muskeltumore

Künstliche Befruchtung In Vitro Fertilisationen

Sollte es bei Ihnen auf natürlichem Wege nicht zu einer Befruchtung kommen, gibt es den Weg über das Reagenzglas. Wenn bei Ihnen die Eileiter verstopft sind, werden die Eier aus dem Ovar entnommen und mit den Samenfäden Ihres Mannes vereint über die Scheide in die Gebärmutter eingesetzt. Sollte Ihr Mann zu wenig lebende Spermien haben, so kann das Ejakulat von mehreren Malen gesammelt werden und dann mit dem Ei zusammengebracht werden und weiter verfahren werden, wie oben beschrieben.

So kommen Paare auf einem Umweg zu einem eigenen Kind. Das ist legitim, da gibt es keine ethischen Zweifel. Das Kind hat dann auch die beiden Elternteile, wie in der Natur vorgesehen.

Das erste so zustande gekommene Baby in Österreich ist jetzt etwa 27 Jahre alt. Die drei Gynäkologen, die dies bewerkstelligten, werden Väter des Retortenbaby genannt. Die Mutter des Kindes bekam später ohne Zutun der Gynäkologen noch ein Kind. Nach Angaben eines Arztes hätten sich durch die Ausdehnung der Gebärmutter in der Schwangerschaft Verwachsungen des Eileiters gelöst und daher ist die Frau auf natürlichem Wege schwanger geworden.

Die Ursachen für ungewollte Kinderlosigkeit liegen zu 40 % bei der Frau, zu 40% beim Mann und zu 20% bei beiden.

Zunächst werden über Hormonspritzen die Ovarien stimuliert, damit sie mehr Follikel[127] mit Eiern heranreifen lassen. Dies muss ultraschallmäßig kontrolliert werden, daher muss die Frau in der ersten Zyklushälfte mehrere Male in die Ambulanz kommen. Über einen Hormonspiegel (Blutabnahme) kann ebenfalls die gewünschte Eizellreifung erkannt werden. Wenn die Follikel eine bestimmte Größe erreicht haben, wird die Eizellreifungsspritze gegeben. 38 bis 42 Stunden später werden in der Klinik die Eizellen entnommen.

Über eine Vaginalsonographie (der Ultraschallkopf wird über die Scheide eingeführt) wird gezielt die Punktion der Eizellen durchgeführt. Unter Ultraschallkontrolle werden die Ovarien (Eierstöcke) eingestellt und die Punktionsnadel über die Scheide eingebracht. Durch die Scheidenwand wird direkt in den überstimulierten Eierstock eingestochen und die Flüssigkeit aus den Eibläschen abgesaugt, somit auch die Eizellen. Die Patientin bekommt bei dieser Prozedur Schmerzmittel und muss anschließend noch einige Stunden in der Klinik bleiben. Dann darf sie abgeholt werden.

In Ausnahmefällen, wenn die Punktion so nicht möglich ist, z. B. bei Verwachsungen, werden die Eizellen laparoskopisch[128] geholt. Dabei werden durch kleine Stiche in die Bauchdecke feine Instrumente mit einer Optik eingeführt und die Eizellen unter direkter Sicht entnommen.

Nach der Befruchtung im Glas kommt es zum Embryonentransfer. Die Embryonen schwimmen in einer Nährlösung,

127 Eibläschen im Eierstock
128 Eingriff mit Hilfe eines optischen Instruments

welche mittels eines weichen Katheters über die Scheide durch den Muttermund in die Gebärmutter eingeführt werden. Diese Prozedur geschieht drei bis fünf Tage nach der Eizellenentnahme. Es ist vorher mit der Frau abgesprochen worden, wie viele Embryonen in die Gebärmutter transferiert werden. Sollten sich alle Embryonen in die Gebärmutterschleimhaut einnisten, muss die Frau mit einer Mehrlingsschwangerschaft rechnen. Sollte sich nicht mindestens ein Embryo einnisten, muss die Prozedur mit den inzwischen eingefrorenen Embryonen wiederholt werden.

Welche Risken entstehen bei dieser Behandlung für die Frau?

Einerseits können durch das ovarielle Hyperstimulationssyndrom und andererseits durch eventuelle Infektionen bei der Punktion oder beim Embryotransfer Komplikationen auftreten. Beide müssen im Krankenhaus behandelt werden.

Durch die hormonelle Stimulation kann es zu einer erheblichen Vergrößerung der Eierstöcke kommen, die zu starken Bauchschmerzen führen. Zusätzlich kann sich vermehrt Flüssigkeit im Brust- oder Bauchraum ansammeln. In manchen Fällen müssen diese Flüssigkeiten abpunktiert werden.

Im Falle von Infektionen im Bauchraum müssen Antibiotika gegeben werden, das alles unter stationären Bedingungen.

Was kostet das?

Zu dieser Behandlung wird in Österreich aus einem eigenen Fonds dazu gezahlt. Für das Paar bleiben 420 bis 500 Euro zu zahlen plus 30% der Medikamentenkosten, die verschieden sind, weil die Dosierungen individuell berechnet werden, anhand von Körpergewicht und Befunden.

Sollte sich die Schwangerschaft trotzdem nicht einstellen, muss mit einer Hormonentzugs-Symptomatik gerechnet werden. Der Entzug hat dieselben Symptome wie jeder andere Entzug. Beistand hat die Frau dabei keinen. Eine Psychologin ist nur für eventuelle werdende Eltern vorgesehen.

Präimplantationsdiagnostik

Dies ist ein genetisches Diagnoseverfahren, bei dem vor dem Einsetzen in die Gebärmutter im Stadium des Zellhaufens diagnostiziert wird, ob eine genetische Erkrankung vorliegt. Nicht jede genetische Erkrankung ist eine Erbkrankheit und nicht jede angeborenen Erkrankung ist ererbt. Manche Erkrankungen entstehen erst im Mutterleib, wie zum Beispiel nach einer Rötelnerkrankung der Schwangeren und gelten dann als „angeboren", aber nicht ererbt.

Zuerst verschmelzen Ei und Samenzelle im Labor (Reagenzglas) und entwickeln sich in ein Zwei-, Vier-, Achtzellenstadium. Während dieser Zeit wird eine Zelle entnommen und genetisch untersucht. Ist sie gesund, sind auch die anderen Zellen gesund und der Zellhaufen wird der Frau in die hormonell vorbereitete Gebärmutter eingesetzt. Sie kann (darf?) dann den Embryo austragen.

Stellt sich bei der genetischen Untersuchung heraus, dass eine genetische Erkrankung vorliegt, so wird der Restembryo nicht eingesetzt, sondern „verworfen".

Die gesetzlich vorgeschriebene Lagerzeit der Embryonen ist in verschiedenen Ländern unterschiedlich. In Österreich beträgt sie derzeit ein Jahr.

Die genetische Diagnostik kann aber nicht auf alle möglichen Erkrankungen durchgeführt werden. Sie wird in Österreich nur angeboten, wenn eine konkrete genetische Frage bei einer Familie auftritt. Ist bereits ein behindertes Kind in einer

Familie zur Welt gekommen, weiß man welche genetische Krankheit dieses hat und sucht in der Präimplantationszeit nach dieser.

Es kann auch sein, dass bestimmte genetische Veränderungen bei den Eltern vorliegen. Diese sind bekannt und nach diesen kann gesucht werden. Hier hat die Biotechnologie ihren Platz.

Was mir angst macht, sind die Kommissionen aus gottlosen Ethikern, Genetikern und Medizinern, die vielleicht noch dazu in einem Labor angestellt sind.

Da alles sich im Mikrobereich abspielt, wäre es nur von Angehörigen dieser Berufsgruppen kontrollierbar. Es geht immer auch um viel Geld und das korrumpiert in den meisten Fällen.

Klonen

Beim Klonschaf Dolly haben 1996 Wissenschaftler am schottischen Roslin Institut den Kern einer Eizelle eines Schafes unter dem Mikroskop entfernt. In diese entkernte Eizelle haben sie den Zellkern einer Körperzelle eines ausgewachsenen Schafes eingebracht. Diese Eizelle mit eigener Zellflüssigkeit (Cytoplasma) und fremdem Kern haben sie einem Leih-Mutterschaf implantiert, das den Embryo austrug. Zur Welt kam Dolly.

Sie hatte dasselbe Erbgut wie das schon erwachsene Schaf. Sie war eine genetisch idente Kopie, wie es bei eineiigen Zwillingen vorkommt. Alles, was durch genetische Faktoren bedingt ist, haben sie gleich. Was durch die Umwelt beeinflusst wird, ist nicht gleich. Da die Merkmale durch die Umwelt aber vielfältiger sind als die rein genetischen, ist die Übereinstimmung nicht vollkommen. Da die Immunologie weitgehend genetisch ist, würde das erwachsenen Schaf, von dem der Kern der Körperzelle stammt, ein Organ des Klonschafes nicht abstoßen.

3 Jahre später, im Jahr 1999, stellten die Forscher dann fest, dass die Zellen von Dolly Alterungs- und Abnützungserscheinungen zeigten, wie sie normalerweise nur bei älteren Tieren vorkommen.

Dann erkrankte Dolly an einer schweren Lungenerkrankung, wie sie ebenfalls nur bei wesentlich älteren Tieren auftritt. Das Roslin Institut in Edinburgh teilte am 14.2 2003 mit, dass Dolly im Alter von 6 Jahren eingeschläfert werden musste. Schafe haben üblicherweise eine Lebensspanne von 12 bis 20 Jahren, wenn sie nicht vorher „aufgegessen" werden. Beim Menschen heißt die Krankheit, die mit vorzeitigen Alterungserscheinungen einhergeht, Progeria.

An der Universität Pittsburg wurden Versuche mit 724 entkernten Eizellen von Rhesusäffinnen gemacht. 33 schienen erfolgreich. Die Zellen teilten sich und wurden in die Gebärmutter von Leihmüttern (Äffinnen) eingesetzt, jedoch in keinem Fall kam es zu einer Schwangerschaft. Das Team folgert daraus, dass auch das reproduktive Klonen von Menschen mit den bisher entwickelten Verfahren nicht möglich ist.

Ein therapeutisches Klonen muss man sich so vorstellen, dass man eine Körperzelle eines erkrankten Menschen nimmt, die Zelle entkernt und diesen Kern in eine entkernte Eizelle einer Spenderin einbringt. Der so entstehende Embryo wird im Glas gezüchtet. Schließlich werden aus dem gezüchteten Embryo Stammzellen isoliert und daraus das Organ hergestellt, das der erkrankte Mensch braucht. Der restliche Embryo wird verworfen.

Der Organempfänger wird das Organ nicht abstoßen, da das genetische Material identisch ist. Doch wer bestimmt, welches Leben mehr „wert" ist? Das des Kranken oder das des Klons? Hier sind ethische Fragen zu stellen, die sich eine Gesellschaft nicht ersparen darf. Wem nützt diese teure Reparaturmedizin wirklich? Nützt sie überhaupt und wenn, wie lange? Wer kann es sich leisten, so behandelt zu werden? Gibt es dann die 3-Klassen-Medizin?

Was ist dann eigentlich noch alles möglich? Sie erinnern sich an den Menschen mit dem Löwenkopf? Nein? Sie kennen nur die Bilder aus dem Geschichtsbuch, lauter Mythen und Symbole? Wer entscheidet, welcher Zellkern in welches Ei eingebaut wird? Frankenstein lässt grüßen …

Frau, lass dir nicht ein Ei entnehmen, wenn du das nicht willst oder wenn du nicht genau weißt, was damit geschieht! Angeblich machen die Außerirdischen das dauernd. Und die Irdischen?

Professorin Doktorin Barbara Duden bedauerte in einem Gespräch mit 3sat/Kulturzeit, dass die betroffenen Frauen nicht wirklich mitreden können. Die Frau als Bewirtschaftungsacker für geldgierige Fortpflanzungszuhälter? Die Frau als Brutmaschine oder lebende Reparaturwerkstatt?

Genetisch bedingte Abweichungen

Bei der Teilung der Chromosomensätze in den haploiden[129] Chromosomensatz, kann es zu einer non disjunction (nicht Teilung) bei einem Elternteil bei einem bestimmten Chromosom kommen. Werden die beiden haploiden Sätze dann bei einem Embryo vereint, so gibt es an dieser Stelle drei Chromosomen statt zwei. (Numerische Chromosomenstörung)

Besteht diese Trisomie am 21. Chromosom (Trisomie 21), so kommt es zum Down Syndrom (Mongolismus). Beide Eltern haben diese Krankheit nicht, aber sie ist genetisch bedingt und angeboren. Es gibt auch unterschiedlich starke Ausprägungen dieser Erkrankung. Findet die non disjunction im Zweizellenstadium in nur einer Zelle statt, ist jede zweite Körperzelle betroffen. Findet sie im Achtzellenstadium in nur einer Zelle statt, ist nur jede achte Zelle betroffen.

Bekannt sind auch noch das Pätau Syndrom, dem eine Trisomie 13 und das Edwards Syndrom, dem eine Trisomie 18 zugrunde liegen:

Beim Pätau Syndrom liegt eine Fehlentwicklung des Herzens, der Nieren und des Gehirns vor. Der Tod tritt in den ersten Lebensmonaten ein. Ebenso stirbt ein an Edwards Syndrom erkranktes Individuum meist innerhalb des ersten Lebensjahres.

129 einfachen

Sollte es an Geschlechtschromosomen zu einer Störung kommen, nennt man das beim weiblich aussehenden Menschen Turner- (XO, XYY) und beim männlich aussehenden Klinefelter-Syndrom. (XXY, XXXY, XXXXY) Es gibt auch ein Triplo X Syndrom (XXX).

Es kann aber auch zu einer strukturellen Chromosomenaberration[130] kommen.

Wenn das 5. Chromosom einen partiellen Verlust des kurzen Arms erleidet, so nennt man das 5p-Syndrom oder Katzenschrei-Syndrom, weil das Schreien des Babys sich wie das einer Katze anhört.

Ist das 21.Chromosom vorhanden, aber es fehlt die Hälfte des langen Arms (dort ist die Fähigkeit lokalisiert weiße Blutkörperchen zu bilden), so erkrankt das Baby an chronisch myeloischer[131] Leukämie. Würden jetzt Stammzellen aus dem eigenen Nabelschnurblut zugeführt, so hätten auch diese nur die Hälfte des langen Arms des 21. Chromosoms.

Daneben gibt es Genmutationen, bei denen die molekulare Struktur eines Gens verändert ist. Die Veränderungen sind nur mit molekulargenetischen Methoden erkennbar. Die Auswirkungen für den Menschen sind trotzdem fatal.

Bei anderen Chromosomenstörungen ist die Erkrankung so schwer, dass der Fetus die Geburt nicht erlebt. Es erhebt sich

130 Chromosomenabweichung
131 vom Knochenmark ausgehend

die Frage, ob frau im Falle einer vorgeburtlichen Diagnose einer so schweren Behinderung einen Abbruch machen lässt oder wartet, bis das Kind von selbst geht. Frauen, die aus religiösen Gründen den Abbruch, den man ihnen angeboten hat, abgelehnt haben, mussten erleben, dass sich die Schwangerschaft einige Wochen später, bevor aber das Kind lebensfähig gewesen wäre, von selbst beendete. Das war auch traurig, aber damit konnten sie besser weiterleben als mit einem gewaltvollen Schwangerschaftsabbruch. Die kurze Inkarnation (Seele, die einen Körper bekommt), welche die Seele hatte, ist nicht weiter gewaltsam verkürzt worden. Es hat alles im Kosmos seine Aktion und Reaktion.

Eine Freundin bekam vor etlichen Jahren in einem Belegspital ein Kind per Kaiserschnitt. Das Kind hatte an einer Hand sechs Finger und an einem Fuß sechs Zehen. Der angetraute Gatte war bei der Geburt anwesend. Er „durfte" sein Kind baden. Als meine Freundin aus der Narkose vollends erwacht war und ihr Kind in die Arme nehmen konnte, waren der überzählige Finger und Zeh bereits weg. Weder sie noch der Kindesvater waren gefragt worden, dabei bestand bei dieser Variation keine Lebensgefahr. Aber wir werden alle in eine Norm gepresst und wenn wir dieser nicht entsprechen, wird am Körper herumoperiert.

Sollte einmal die Bauchdecke nicht zu sein und die Eingeweide offen liegen, so ist Eile geboten. Die Eingeweide müssen steril abgedeckt werden und das Kind umgehend an eine Kinderchirurgie transferiert werden.

Bei anderen Abweichungen kann man warten. Manchmal müssen die Eltern eine Entscheidung treffen. Manchmal kann man auch warten bis das Kind erwachsen ist und es selbst entscheiden lassen.

Ganz besonders traurig sind die Fälle derjenigen Menschen, deren Geschlecht nicht eindeutig feststellbar ist. Ein richtiges Zwitterwesen mit zwei Hoden und zwei Eierstöcken ist ganz selten. Man nennt es Hermaphroditit. In unserer Rechtsprechung gibt es dieses Geschlecht nicht. Jede/r muss als männlich oder weiblich in das Standesregister eingetragen werden. Die Eltern sind gut beraten, wenn sie diesem Kind einen geschlechtsneutralen Namen geben, zum Beispiel Alex. Es gibt nicht viele solcher Namen im deutschen Sprachraum. Später soll der Mensch selber entscheiden können, wohin er/sie gezählt werden möchte. Das vorzeitige Herumoperieren bringt nur Traumatisierung. Eine künstlich erzeugte Vagina ist nicht so zum Geschlechtsverkehr geeignet wie eine angeborene. Aber manche meinen, zum Frausein gehört eine dazu. Ich weiß nicht, ob die Mutter das verhindern kann. Aber wenn Eltern Bescheid wissen, können sie von vornherein klar legen, dass solche Entscheidungen nicht die Ärzte treffen dürfen. Es gibt Selbsthilfegruppen von erwachsenen Menschen, die als Neugeborene falsch zugeordnet wurden (Intersexe). Sie sind nicht krank, aber entsprechen nicht der Norm, die irgendjemand aufgestellt hat. Wenn ein sechster Finger schon so stört, was müssen sich diese Menschen dann mitmachen?

Es gibt für solche Erwachsene die Möglichkeit, das Geschlecht im Standesregister ändern zu lassen und auch den Namen. Das geht nicht ohne Aufhebens. In München hat ein Mensch den Antrag gestellt als Hermaphrodit eingetragen zu werden. Das wurde vom Gericht abgelehnt. Es gibt nur Mann oder Frau im Gesetz. Eltern solcher Kinder sollten ihnen das Leben nicht noch schwerer machen. Auch hier gilt: keine Eile, zuerst nachdenken und sich beraten lassen. Operationen sollten nur auf Wunsch der Betroffenen durchgeführt werden.

Genetisches Patchwork

Der Mensch hat den genetischen Code entschlüsselt. Was kann er jetzt alles damit machen? Menschen nach seiner Vorstellungen züchten? Das Designerbaby entwickeln?

Die Forscher, die schon immer an Technik und das Materielle im Außen glaubten, haben zu viel versprochen. Jetzt fällt ihnen das auf den Kopf. Manche Menschen fordern, was die Wissenschaftler nicht halten können. Die Rohstoffe liefert immer noch der Mensch. Zum Basteln brauchen sie Eier, Samenfäden und Cytoplasma. Theoretisch kann so ein Wesen drei genetische Eltern haben (Eispenderin, Samenspender und Leihmutter). Wer zieht es auf? Wer ist für das Wesen verantwortlich und wer unterhaltspflichtig? Gehört ein Klon dem, der ihn gebastelt hat? Hat er das Patent auf ein anderes Lebewesen?

Grundsätzlich ist es auch denkbar, dass in Zukunft Wesen kreiert werden, die sich in der Natur nie gefunden hätten, ein Menschenkörper mit einem Vogelkopf, oder ein Löwenkörper mit einem Menschenkopf? Ist der sagenhafte Minotaurus, um den man in Kreta ein Labyrinth baute, weil man ihm anders nicht mehr Herr wurde, eine Kreation von Gentechnikern?

„Zurück in die Zukunft" würde Erich von Däniken sagen. Unsere Aufzeichnungen gehen ja nur 5000 Jahre zurück. Was vorher war unterliegt der Spekulation.

Eine Situation, die man/frau sich jetzt schon vorstellen kann, ist folgende: Einer Henne werden Vogeleier untergelegt, die sie ausbrütet. Sind diese auf der Welt, machen sie Flugversuche. Ihr Instinkt als Glucke gebietet der Henne, den Küken zu folgen, ihre Fähigkeit als Henne macht es ihr aber unmöglich. So läuft sie ununterbrochen hin und her vor Angst, die Kinder zu verlieren und kann ihnen doch nicht nachkommen. Und warum nicht? Weil Menschen eine unnatürliche Situation geschaffen haben! Vogeleier werden von Vögeln gelegt und von diesen ausgebrütet. Das ist das Gesetz der Natur! In der Natur gibt es deshalb dieses Problem nicht. Und keine Henne kommt in die für sie beängstigende Lage, dass ihre Brut dorthin geht, wo sie sie nicht mehr erziehen kann. Nur der Mensch strebt dies an.

Bei der genetischen Manipulation geht es den Wissenschaftlern um die Profilierung. Sie denken nicht daran, was aus den Wesen wird, die sie erschaffen. Das Äußere, das Materielle (es heißt im Sanskrit Maya), das führt vom Schöpfer weg, vom göttlichen Geist und von der Ethik. Natürlich werden, wie von Goethes Mephisto, viele Gründe ins Treffen geführt, die solche Handlungen rechtfertigen sollen. Die karmischen Verwicklungen aber werden über viele Inkarnationen bestehen bleiben.

Die Gründe für genetische Manipulationen sollen angeblich therapeutische sein. Wenn Patientinnen Verständnis und kompetentes Wissen brauchen, bekommen sie es aber nicht.

Würde sich jeder Arzt mit jeder einzelnen Patientin sorgfältig auseinander setzen, kann er nicht gleichzeitig für andere da sein. Das kostet Zeit. Zeit, die von den Krankenkassen nicht bezahlt wird. Die Krankenkassen zahlen, was ihrem Gutdünken (weder auf Erfahrung basierend noch wissenschaftlich abgesichert) entspricht. Wie die Behandlung stattzufinden hat, regelt das Ärztegesetz, es gilt auch für Ärztinnen.

Weder die Krankenkassen noch die Ärztekammer haben die Kompetenz, das Ärztegesetz auszulegen. Diese Kompetenz steht nur den Gerichten zu. Aber wo kein Kläger, da ist auch kein Richter. Die Kassen kassieren einen gewissen Prozentsatz der Löhne, Gehälter und Honorare als Pflichtversicherungen und bestimmen selbstherrlich, was damit bezahlt wird. Wenn die Krankenkasse die Reparaturmedizin nicht zahlt, haben wir die 3-Klassen-Medizin.

Wenn es aber um Gen- Forschung geht, ist das Geld da. Woher kommt es? Einige werden gut daran verdienen. Dient aber Genetik wirklich der Menschheit?

Man muss hier einige Fragen stellen: Wie kommen die Forscher zu den Eizellen und dem Cytoplasma? Werden sie das entstehende Leben einer Frau einsetzen oder im Glas- und Brutschrank entwickeln? Wenn sie sich über das Nachher keine Gedanken machen, sind sie auch vorher verantwortungslos. Ich frage mich, ob sie die Eier unerlaubterweise von einer Frau entnehmen, wenn sie aus irgendeinem Grund in Narkose liegt? Gibt es eine Möglichkeit, das zu verhindern? Wie weiß ich das? Wo kommt das Abortusmaterial hin, wenn eine Frau in einem Krankenhaus ihr Kind verliert? Eigentlich müsste ja auch der Vater gefragt werden, ob es weiter verwertet werden darf!

Alles in der Genetik spielt sich im Mikrobereich ab, so dass frau keine Kontrollmöglichkeit hat. Sind wir dieser Zunft hilflos ausgeliefert? Es ist sicher kein Fehler, wenn frau sich darüber Gedanken macht. Wie gehabt sind Frauen in den Ethikkommissionen nur das Feigenblatt, also selten in ausreichender Zahl vorhanden. Sie können überstimmt werden, wenn die Männer Schöpfer sein wollen.

Abortus, Fehlgeburten und Kindstod

Es gibt immer wieder traurige Anlässe über die unbedingt gesprochen werden soll. Jede Frau, die sich ein Kind wünscht und eine Fehlgeburt erlebt, muss traurig sein. Unverarbeitete Trauer bleibt ein Leben lang präsent und produziert Symptome. Trauer ist ein Gefühl und kann nicht mit rationalen Gründen weggeleugnet werden. Kontraproduktiv ist es, wenn der gewesenen Mutter gesagt wird, sie könne noch ein Kind bekommen oder sie hätte schon gesunde. Wenn jemand im Umfeld nicht weiß wie er/sie sich verhalten soll, ist es besser zu schweigen und der Frau zu verstehen zu geben, dass ihre Trauer berechtigt ist.

Professionelle Hilfe zu bekommen ist schwer, am allerwenigsten bekommt frau sie von Ärzten, vielleicht versteht ein/e PsychologIn oder ein/e PsychiaterIn das, aber an die denkt zuerst niemand.

Es ist heute nicht mehr so schlimm wie zu meiner Zeit. Ich habe 1968 eine Frühgeburt verloren. Der Kommentar des Kinderarztes der Universitätsklinik war: Seien Sie froh, dass das Kind gestorben ist, es war ohnehin ein lediges Kind. Daraufhin habe ich mich in die Isolation zurückgezogen. Nicht einmal meine Mutter hat meine Trauer verstanden. Sie meinte, ich solle die schwarzen Sachen ausziehen, bei einem so kleinen Kind sei das nicht angebracht. Für mich war die Trauerkleidung ein Signal für die anderen: „Lasst mich in Ruhe, ich bin traurig." Auch wäre es wichtig gewesen, mich von dem

Kind verabschieden zu können. Es starb in der Kinderklinik, als ich noch in der Frauenklinik lag und Bettruhe verordnet bekommen hatte. Nach meiner Entlassung ging ich sofort in die Kinderklinik, wo ich erfuhr, dass das Kind nicht mehr da sei, sondern auf der Pathologie[132]. Als Medizinstudentin wusste ich natürlich, wo das Gebäude war.

Man hat mich an der Tür abgefertigt und gesagt, Mütter hätten keinen Zutritt. Der Vater des Kindes war bereits fertiger Arzt und kannte jemanden im pathologischen Institut. Wir gingen dann in seiner Mittagspause gemeinsam zum Lieferanteneingang, dorthin, wo die Leichen zur Obduktion angeliefert werden. Da hat er auf den Kollegen eingeredet, bis ich mein Kind sehen durfte – illegal. Mir war danach leichter. Ich wusste, dass es wirklich tot war und keine Verwechslung vorlag oder sonstige Geheimnisse. Mit mir war ja nicht über mein Kind gesprochen worden, unter dem Vorwand, mich schützen zu müssen. Ich glaube, es war nur Feigheit und die Unfähigkeit, zu fühlen. Damals dachte ich mir: „… und solche Leute bekommen eine Fachausbildungsstelle …“ Es wundert mich heute noch, denn in der Zwischenzeit hat sich wenig geändert.

In der Hughes Studie wird behauptet, Frauen, denen das tote Kind in den Arm gelegt wird, hätten mehr „Depressionen“ als solche, die es nie zu Gesicht bekommen haben. Hier verwechseln Gynäkologen die akute Trauer mit einer Krankheit. Ich habe selbst erlebt, wie sich Trauer, die nicht gelebt werden

132 Spitalbereich zuständig für abnorme und krankhafte Körpervorgänge und Zustände

darf, chronifiziert und die Grundlage für Depressionen wird. Aber - Feingefühl ist ja nicht Voraussetzung für eine Fachausbildung.

Ich habe später, als ich niedergelassene Ärztin war, immer gefragt, wie die Frauen damit umgingen. Unmittelbar im Krankenhaus war ich ja nie dabei, da konnte ich nicht helfen. Heute gibt es Sterbezimmer, wo Eltern sich in würdiger Weise verabschieden können. Auch werden die Besuchszeiten nicht mehr so rigoros gehandhabt. Meistens sind es aber Freundinnen und Verwandte mit denen die Trauernde den Tod bespricht. Wichtig ist nicht, etwas „Gescheites" dazu zu sagen, sondern gefühlvoll zuzuhören und dem Gefühl der Trauer Raum zu geben. Männer eignen sich da nicht besonders gut dazu, wenn das Kind nicht oder nur kurz gelebt hat

Ich habe einmal einen Kollegen (kein Gynäkologe) erlebt, der eines von mehreren Kindern durch einen Unfall verloren hat. Ihm ging es wie mir! Die Kollegen haben viel unnötiges Zeug geredet, das ihm überhaupt nicht geholfen hat. Der Hinweis auf die noch lebenden Kinder, die ja auch eine Schwester verloren haben, greift nicht. Damals habe ich begriffen, dass ein Mann, der schon einen Bezug zu seinem Kind hat, weil es schon länger gelebt hat, dieselben Gefühle hat. Stirbt das Kind gleich nach der Geburt oder im Mutterleib, ist das für ihn nicht möglich. Er ist vielleicht traurig, weil seine Frau traurig ist, aber nicht so sehr wegen des Kindes. Er hat es nicht selbst verloren.

Ein Kind kann ein anderes nicht ersetzten, kein Kind ist ersetzbar. Auch ich habe später ein anderes Kind bekommen, aber das war nie der Ersatz für das verstorbene. Dieses hat seinen Platz in der Familie als ältestes Geschwisterchen, dann kommen die anderen mit ihren individuellen Eigenschaften in der entsprechenden Reihenfolge. Stille ist oft heilsamer als unrechte Worte. Ich habe mich damals - von so viel Unverständnis umgeben - in die Isolation zurückgezogen, um den Schmerz nicht noch größer werden zu lassen. Das war natürlich ein Umweg.

Trauerarbeit, die nicht getan wurde, macht sich immer wieder bemerkbar. Die heute praktizierten logischen - sogenannten medizinisch indizierten Aborte – muss frau auch von der Gefühlsseite betrachten. Mann im Spital denkt nicht daran! Bei einer gynäkologischen Tagung hat ein Kollege berichtet, dass er zwei Frauen „betreute", die beide mit einem schwer behinderten Kind schwanger waren. Er hat beiden eine Abtreibung angeboten, das sei medizinisch indiziert und sowieso straffrei. Beide Frauen hatten abgelehnt. Jede trug ihr Kind weiter aus, bis es zu einer Fehlgeburt kam, weil das Kind jeweils im Mutterleib gestorben war. Beide missgebildeten Kinder waren nicht lebensfähig gewesen. Die Geburt kam von selbst in Gang, es bedurfte keiner Curette, das ist ein scharfes Instrument, das in die Gebärmutterhöhle eingeführt wird.

Die beiden Frauen haben für sich die richtige Entscheidung getroffen. Mit dem Spontantod ihrer Kinder können sie besser weiterleben als mit einer Abtreibung in fortgeschrittenem

Stadium der Schwangerschaft, wenn es ein Wunschkind war. Traurig sind auch sie.

Ein andere Kollege berichtete, dass ein Ehepaar sich entschlossen hat, ein Kind ohne Hinterkopf aus religiösen Gründen auszutragen. Er hat mittels Ultraschall den Geburtstermin festgestellt aber zu diesem Termin kam das Kind nicht, also wurde die Geburt eingeleitet. Die Einleitungsversuche blieben alle erfolglos. Also hat er das Kind mittels Kaiserschnitt geholt, getreu der klinischen Überlegungen, es darf keine „Übertragung" (= Schwangerschaft über den erwarteten Geburtstermin hinaus) geben. Er wusste, dass das Kind nicht überleben würde, welche Gefahr wäre da eine Übertragung für das Kind gewesen?

So lange das Herz des Kindes noch schlägt lebt es, und ist auch keine Gefahr für die Mutter. Meine Erfahrungen bei Hausgeburten sind die, dass es selten Übertragungen gibt, meistens aber eine falsche Berechnung des Geburtstermins. Wartet frau zu, bis das Kind spontan kommt, hat es meist keine Übertragungszeichen!

Wenn die Mutter in der Schwangerschaft etwas Schlimmes mitmacht, stellt sich das Kind tot, das heißt, es verlangsamt seine Entwicklung. Diese „holt es am Ende nach", das heißt, es braucht länger. Anhand der Herztöne weiß frau, wie es ihrem Kind geht. Im Falle des Anencephalus (kein Hinterkopf) brauchte das Baby auch länger für die Entwicklung. Vielleicht wäre es später spontan gekommen? Ich verstehe die Überlegungen des Kollegen nicht!

Ein Fall ist mir berichtet worden, bei dem die Mutter sich sagte, wenn das Kind mit dieser Missbildung schon sterben muss, dann zu Hause. Sie hat es so lange ausgetragen bis es von selbst kam. Vier Wochen länger als berechnet. Dann hat das Kind noch einige Stunden in ihren Armen gelebt, bis es ruhig einschlief. In einer Klinik wäre das nicht möglich gewesen. Ich glaube, dass mit dieser unorthodoxen Entscheidung auch der Mutter gedient war. Es kommt ja viel auf die Umstände des Todes an und ob es Schuldgefühle gibt wie frau mit der Trauerarbeit voran kommt.

Trauer ist, ebenso wie Schwangerschaft und Wechsel, keine Krankheit. Decken Sie Ihre Trauer nicht mit Tabletten zu. Sie haben ein Recht auf Trauer und Sie sind verpflichtet Trauerarbeit zu leisten, im Sinne des Lebens. Trauer beinhaltet Schmerz über den Verlust.

In unserer Gesellschaft ist kaum Raum für Gefühle und alles soll rational funktionieren. Daher muss frau (und mann) sich dieses Recht nehmen. Sie muss am Ende der Trauerarbeit heil und bereichert weiterleben können. Normale Trauer kann mit Raum, Zeit und begleitenden Menschen aufgearbeitet werden. Angst, Schock, Sehnsucht, Betäubung, Abgestumpftheit und eine Reihe körperlicher Symptome gehören dazu. Unsere gesellschaftlichen Rahmenbedingungen zeigen kein Verständnis oder Interesse für den Verlust eines Kindes, besonders, wenn es lange vor der Geburt verloren ging. Nur die Frauen haben bereits eine Beziehung zu diesem Wesen aufgebaut. Diese

Kinder werden von unserer Umwelt totgeschwiegen, als ob es sie nie gegeben hätte.

Oft berichten die Frauen von Schuldgefühlen. Sie glauben, in der Schwangerschaft etwas falsch gemacht zu haben und dass sie für den Tod des Kindes verantwortlich sind. Das stimmt nicht! Auch die Wissenschaft weiß nicht, warum manche Kinder vorzeitig gehen, das hat es schon immer gegeben. Die Schuldgefühle verlängern den Trauerablauf. Erwarten Sie nicht von einem Arzt, dass er irgendetwas davon versteht. Nach der Abortuscurettage ist der Fall für ihn erledigt. Mehr hat er nicht gelernt.

Jorgos Canacakis[133] ist Diplompsychologe und Psychotherapeut. Er hat unzählige MitarbeiterInnen ausgebildet, die in allen größeren Städten des deutschen Sprachraums Trauerseminare abhalten. Besuchen Sie ein solches, wenn in Ihrer Umgebung niemand Verständnis zeigt oder niemand da ist! Er hat mehrere Bücher geschrieben. Selbsthilfegruppen gibt es nicht an allen Orten. Solche sollten nur von Betroffenen geleitet werden. (Ich habe von einer Selbsthilfegruppe für Endometriose gelesen, das ist eine chronische Wucherung von Gebärmutterschleimhaut außerhalb der Gebärmutter. Sie wurde von einem Mann, Oberarzt, geleitet, der damit ja keine persönlichen Erfahrungen haben kann.) Bei trauernden Eltern kommt dazu, dass sie für die Leitung einer solchen Gruppe gleichzeitig Erfahrung in Trauerverarbeitung haben müssen. Bei Frauen, die ein Kind verloren haben, kann durch

133 www.canacakis.de www.leben-ohne-dich.com

Unerfahrenheit der Trauerprozess in eine falsche Richtung gelenkt und der Frau geschadet werden. Deshalb ist bei Selbsthilfegruppen dieser Art Vorsicht angesagt. (Wird eine Endometriose-Selbsthilfegruppe von der falschen Person geleitet, so ist der Schaden nicht so groß.)

„Wohl an denn, Herz, nimm Abschied und gesunde!“

Hermann Hesse

Starke Blutungen

Frauen, die an starken Blutungen leiden und ihre Familienplanung abgeschlossen haben, wird immer wieder empfohlen, sich die Gebärmutter entfernen zu lassen. Obwohl schon Ende der Achtziger Jahre die minimal invasiven Methoden bekannt waren, haben sich Frauenärzte geweigert, diese in ihr Repertoire aufzunehmen. Sie machten die Patientinnen glauben, es gäbe keine andere Möglichkeit und boten die Entfernung des ganzen Organs an. Gebärmutterentfernungen sind große Operationen und das Honorar entsprechend. Manchmal wird den Frauen auch eingeredet, Myome seien an starken Blutungen schuld. In den meisten Fällen ist aber die Gebärmutterinnenschleimhaut verdickt und sie sondert daher mehr Blut ab, als die Frau außerhalb der Menstruation nachbilden kann. So schlittert sie immer mehr in eine Anämie hinein. Diese wird von den niedergelassenen FrauenärztInnen nicht diagnostiziert, weil das nicht in ihr Fach fällt. Sie sollten aber zwischen Myomen und verdickter Innenschleimhaut unterscheiden können.

Es gibt die organerhaltende Möglichkeit der Ablation, das ist eine Verdünnung der Schleimhaut in der Gebärmutterhöhle, dadurch hört die Blutung ganz auf oder sie wird normal. Beide Effekte habe ich beobachtet. Anschließend kann die Anämie behandelt werden. Dann ist die Frau wieder gesund ohne vorzeitig in den Wechsel zu kommen. Auch der uterine[134] Orgasmus ist weiterhin möglich. Frauen wissen selbst,

134 den Uterus (Gebärmutter) betreffend

welchen sie haben. Ebenso wird es später keine Probleme mit der Harnblase geben.

Wenn man die Ablation mit der Elektroschlinge macht, können auch Myome, die in die Gebärmutterhöhle vorragen, herausgeschnitten werden. Der Eingriff wird in Vollnarkose gemacht und dauert nicht länger als eine Curettage. Der/die Operateur/in geht über die Scheide ein, dehnt den Muttermund auf und orientiert sich zuerst mittels Hysteroskop (direktes Hineinschauen) über die Gegebenheiten in der Gebärmutter. Die Stückelchen der Schleimhaut oder des Myoms, die mit der Schlinge abgetragen werden, spült man mit einer Flüssigkeit heraus.

Eine andere Methode wäre die Thermoablation. Dabei wird mit Hitze die Schleimhaut verödet.

Beide Methoden bedingen eine eigene Ausrüstung im Operationssaal und natürlich das Können des Teams. Alle müssen dementsprechend ausgebildet sein und zusammenarbeiten können. In beiden Fällen wird zusätzliche Flüssigkeit in das System eingebracht und dieses muss wieder ausgeschieden werden, daher ist eine Nachbeobachtungszeit für die Bilanzierung der Körperflüssigkeiten notwendig, somit eine stationäre Behandlung.

Sollten Sie eine solche Methode für sich in Erwägung ziehen, suchen Sie eine geeignete Abteilung. Sie können sich in jedes Krankenhaus ihrer Wahl begeben. Die Transportkosten in ein weiter entferntes Krankenhaus müssen sie aber selbst übernehmen. Ansonsten wird die Behandlung auch auf der dritten Klasse durchgeführt und von der Pflichtversicherung bezahlt.

Gutartige Erkrankungen

Alle gutartigen Erkrankungen können minimal invasiv behandelt werden. Auch am Eierstock könnten nur die kranken Teile entfernt werden, was für den Hormonhaushalt sehr wichtig ist. Man unterscheidet Hysteroskopie und Lapraskopie oder Pelviskopie als Mittel zur Diagnose oder zur Therapie. Die Wundflächen sind kleiner, die Rekonvaleszenz[135] kürzer, die Krankenhausaufenthalte sind kürzer, der Krankenstand ebenfalls und/oder die Abwesenheit von den Kindern zu Hause.

Eine Beratung sollte frau von ÄrztInnen einholen, die nicht selber operieren. Im Krankenhaus sollte sie darauf bestehen, dass sie bei der Operationseinwilligung nur das unterschreibt, was ausgemacht ist und keine blanko Vollmacht geben. „Wenn wir etwas Verdächtiges sehen, nehmen wir es gleich mit heraus“. Für manche Gynäkologen ist alles verdächtig. Ich wäre schon tot, wenn das alles krebsig gewesen wäre, was der eine oder andere gesehen hat und herausschneiden wollte. Ich fühle mich aber nach Jahren noch sehr gesund und verliere keinen Harn! Holen Sie bei einer Diagnose, die zu einer Operation Anlass gibt, eine Zweitmeinung ein, vielleicht mit einem besseren Ultraschallgerät.

135 Zeit gesundheitlicher Besserung

Harnverlust

Ist die Entbindung die einzige Ursache für die Entstehung einer Beckenbodenschwäche und damit unfreiwilligen Harnverlustes?

Harn zu verlieren ist immer noch ein Tabuthema. Durch eine Schwäche des Beckenbodens sinkt die Harnblase so weit ab, dass der Harn unkontrolliert ausläuft.

Als ich im gebärfähigen Alter war, hat man nur die Geburten dafür verantwortlich gemacht. Sie würden den Beckenboden überdehnen und später zur Beckenbodenschwäche führen, daher hat man vorbeugend den Damm aufgeschnitten, um diese Überdehnung zu vermeiden. Meine Generation hat bewiesen, dass dies nichts nützt. Jetzt muss man sich etwas anderes einfallen lassen, warum man einen vorbeugenden Dammschnitt machen will.

Es ist erwiesen, dass Frauen, die keine Kinder bekamen, auch an Beckenbodenschwäche leiden können. Wenn sie ihr Leben lang schwer gehoben haben, kann es nämlich auch eintreten. Die erste Hauptregel: Frau sollte beim Urinieren den Strahl einfach rinnen lassen und nicht nachdrücken.

Oft tritt das Problem auch einige Jahre nach einer (vermeidbaren) Gebärmutter-Entfernung auf. Die Harnblase liegt genau Wand an Wand vor der Gebärmutter. Es müsste schon der Krebs sein, dass ich einer Entfernung der Gebärmutter zustimmen würde, aber auch hier wird eine nicht bewiesene Vorbeugung ins Treffen geführt, heute wie vor dreißig Jahren!

Was Sie selbst tun können, bevor Sie zum/zur Arzt/Ärztin gehen, ist, dass Sie tagebuchartige Aufzeichnungen machen über die Trinkmenge (auch Suppen), die Abstände zwischen dem einzelnen Harnlassen, den unfreiwilligen Harnverlust mit oder ohne Harndrang, sowie die einzelne Harnmenge. Man nennt das ein Miktionsprotokoll[136]. Ich habe von einigen wenigen Urologinnen in Österreich gehört, aber wahrscheinlich müssen Sie zu einem Urologen gehen, da es in Ihrer Nähe keine Urologin gibt. Urologen behandeln Männer und Frauen gleichermaßen und sind meist keineswegs der Meinung, Frauen seien ein besonders störanfälliges Geschlecht.

Beim Arzt/bei der Ärztin muss eine ausführliche Anamnese gemacht werden. Sie kennen das schon. In diesem Fall sollten Sie beantworten, wie oft Sie am Tag und wie oft Sie nachts auf die Toilette müssen. Auch, ob der Urinverlust unter körperlicher Belastung und ohne Harndrang oder nach nicht unterdrückbarem Harndrang auftritt. Damit kann der Arzt/die Ärztin zwischen aktiver und passiver Harninkontinenz unterscheiden. Natürlich bringen Sie auch Ihr Miktionsprotokoll mit. Über alle vorausgegangenen Operationen müssen Sie berichten und alle Begleitkrankheiten wie z. B. Zuckerkrankheit. Sie werden auch gefragt, ob Sie Stuhl verlieren. Eventuell müssen Sie noch einen Fragebogen mit weiteren Fragen ausfüllen.

Dann schließt sich eine klinische Untersuchung an, dazu gehört auch eine gynäkologische. Auch die Restharnmenge wird bestimmt. Das ist die Harnmenge, die noch in der Bla-

136 Protokoll willkürlicher Blasenentleerungen

se bleibt, wenn Sie ausuriniert haben. Der Harn selbst wird ebenfalls untersucht. Sollte sich zeigen, dass ein chronischer Harnwegsinfekt vorliegt, so kann dieser mit Tabletten, die frau 3 bis 10 Tage einnimmt, behandelt werden, aber auch homöopathisch.

Der Restharn ist vermehrt, wenn der Muskel, der die Blase zusammenzieht (Detrusor) nicht mehr richtig arbeitet. Die Blase wird nie richtig entleert und frau muss daher häufig auf die Toilette. Dadurch, dass die Blase nie leer ist, wird das Anwachsen von Bakterien begünstigt. Es kommt meist eine Blasenentzündung dazu.

Bei der klinischen Untersuchung wird auch ein Funktionstest des Beckenbodens gemacht und ein Stresstest. Dabei wird die Blase mit einem Drittel Liter Kochsalz aufgefüllt, dann muss die Frau kräftig husten. Geht nun Harn ab, so liegt eine Stressinkontinenz vor. *Von dieser gibt es drei Grade*:

- *Grad 1*: Harnverlust beim Husten, Lachen, Niesen
- *Grad 2*: Verlust beim Gehen und leichter körperlicher Tätigkeit
- *Grad 3*: immer Harnabgang, auch beim Liegen.

Eine gleichzeitige Senkung des inneren Genitale ist nicht immer vorhanden. Es gibt auch Inkontinenzen ohne Senkung. Lassen Sie sich daher nicht eine Senkungsoperation zur Beseitigung der Inkontinenz einreden!

Bei der Dranginkontinenz kommt es zum Harnabgang, der verbunden ist mit einem imparativen[137] Harndrang! Frauen

137 „befehlend“, zwingend

können den Harn verlieren, wenn sie die Toilette nicht rechtzeitig erreichen.

Es gibt zwei Ursachen dafür. Entweder der Detrusor (Muskel) zieht sich so stark zusammen, dass es zu einer nicht unterdrückbaren Kontraktion der Blase kommt und zum Harnverlust. Oder eine reduzierte Blasenkapazität führt schon bei kleinen Harnmengen zu einem imparativen Harndrang mit Öffnung des Blasenhalses und unwillkürlichem Harnverlust. Diese Unterscheidung zwischen beiden Formen der Dranginkontinenz kann mittels urodynamischer[138] Untersuchung gemacht werden.

Zusätzlich zu allen genannten Untersuchungen muss eine neurologische[139] gemacht werden, weil die Ursache auch außerhalb der Blase und des Beckenbodens liegen kann. Es gibt also keine Inkontinenzform, die mittels Gebärmutterentfernung behoben werden könnte!

Sollte bei diesen Untersuchungen noch immer keine exakte Diagnose zustande kommen, so gibt es weiterführende Untersuchungen, die einer besonderen Ausrüstung bedürfen, das sind Urodynamik, Ultraschall, radiologische Methoden und Zystoskopie (Hineinschauen in die Blase mit einem speziell dafür entwickelten Gerät). Wenn Sie so weit fortgeschritten sind in der Diagnose, kann es nicht mehr passieren, dass Sie falsch behandelt werden!

Die Inkontinenz ist heilbar oder sie kann so weit gebessert werden, dass jede Frau ihre sozialen Kontakte wieder auf-

138 Messvariante der Blasenfunktion mittels Drucksonden und Elektroden
139 das Nervensystem betreffende

nehmen kann. Zuerst sollte es frau in jedem Fall konservativ (nicht operativ) versuchen.

Ein Therapieversuch der Stressinkontinenz wäre die Anwendung von Pessaren[140]. Damit ist man in einigen Fällen erfolgreich.

Ist der Beckenboden (eine Platte aus mehreren Muskelschichten) schlaff, so kann dieser trainiert werden. Sie müssen zuerst spüren, wo der Beckenboden ist, bevor Sie mit diesen Muskeln üben. Wenn Ihnen jemand sagt, sie mögen auf der Toilette sitzend den Harnstrahl anhalten, so machen Sie das mit dem Detrusor (er wird erschlafft) und dem Sphinkter (er wird angespannt). Der Sphinkter ist der zirkuläre Schließmuskel der Blase.

Beide Muskeln gehören zur Harnblase. Also: Wenn Sie den Harnstrahl anhalten, aktivieren Sie den Sphinkter (runder Schließmuskel) und lassen den Detrusor locker. Beides hat nichts mit dem Beckenboden zu tun. Die Physiotherapie ist eine Domäne der Frauen. Geduld gehört zu diesem Beruf. Arbeiten Sie mit der Physiotherapeutin oder Hebamme! Mit dieser Therapie können 75% der Stressinkontinenzen geheilt werden. Vor der Therapie macht die Physiotherapeutin eine Beckenbodenfunktionsprüfung nach Laycock, um sich ein Bild über den exakten Zustand der Muskeln, insbesondere des Levator ani[141] zu machen. Daraus leitet sie die ideale Therapieform ab.

Es genügt also nicht, sich ein paar Übungen aus einem Faltblatt anzueignen. Die mit der Therapeutin erlernten Übungen

140 schalenförmige Verschlusskappen aus Latex oder Silikon
141 „Heber des Afters“

sollten Sie dreimal täglich fünf Minuten durchführen - und das ein Leben lang!

Eine Sonderform der Beckenbodengymnastik ist das sogenannte Biofeedback-Training. Mit Hilfe einer Sonde, die in die Scheide eingeführt wird, können Muskelpotenziale gemessen und visualisiert werden. Sie können also Ihre Kontraktionen am Bildschirm mit verfolgen. Außerdem kommt es bei verbessertem Trainingszustand zu einer Zunahme der Potenziale, so dass diese Methode zu einem gewissen Grad den Trainingserfolg objektiviert. Des weiteren gibt es die Möglichkeit über diese Sonde den Levator ani mittels Reizstrom anzuregen.

Hormontherapien sind nur dann sinnvoll, wenn tatsächlich ein Mangel besteht. Bei vielen Frauen wirken die Cremen und Scheidenzäpfchen genauso stark wie Tabletten und Pflaster. Der Hormontherapie kommt in diesem Fall nur eine unterstützende Funktion zu. Sie kann niemals eine alleinige Therapie sein. Sollten Ihre Brüste spannen oder Sie an Gewicht zulegen, so ist die Dosis zu hoch.

Erst wenn das alles nicht zum Ziel führt, ist eine Operation zu überlegen. Die Entscheidung treffen Sie! Sollten Sie lieber mit Inkontinenzeinlagen weiterleben wollen, so haben Sie das Recht dazu.

Die Kolposuspension[142] nach Burch (sprich Bördsch) ist altbewährt. Dabei wird eine Faszie[143] mit 4 Nähten am Scham-

142 Operation zur Anhebung des Blasenhalses
143 Weichteil-„Bündel" des Bindegewebes

bein fixiert und dabei angehoben. Da die Harnröhre wie eine Hängematte in der Scheide liegt, wird auch diese angehoben. Ihre Fixierung nach vorne wird wieder verbessert. Diese Operation hat gute Ergebnisse und kann auch minimal invasiv durchgeführt werden. Die Erfolgsraten liegen bei über 90 % und nach 5 Jahren immer noch bei 80%.

Die neuere Operationstechnik heißt TVT (Tension Free Vaginal Tape). Hier wird ein Kunststoffband von der Scheide her so um die mittlere Harnröhre gelegt, dass diese darin wie in einer Schaukel ruht und angehoben wird. Durch eine besondere Materialtextur verankern sich die beiden Enden des Bandes von selbst in den Schichten der Bauchdecke. Entscheidend ist, dass das Band spannungsfrei um die Harnröhre liegt. Dieser Eingriff muss in örtlicher Betäubung oder mittels Kreuzstich erfolgen, da die Patientin ansprechbar bleiben muss. Die Patientin muss auf Anweisung husten, damit genau abgeschätzt werden kann, wie weit die Harnröhre anzuheben ist, um einen kontinenten[144] Zustand zu erreichen.

Eine Weiterentwicklung dieser Operationsmethode ist die transobturatorische[145] Schlingenoperation (TOT). Dabei wird das Monarc-Band[146] um einen anderen Knochen herumgeführt. Aufgrund seiner gitterförmigen Struktur haftet das Monarc-Band ebenfalls wie ein Klettverschluss und wächst so in das Gewebe ein. Die Ergebnisse sind gleich gut.

144 Normalzustand der Harnableitung mit willensgesteuerter Ausscheidung bzw. Nichtausscheidung

145 Ein Loch das von Scham- und Sitzbein gebildet wird, ist von einer Membran verschlossen (foramen abturatorium). Durch dieses Loch wird die Schlinge geführt.

146 Stützband der weiblichen Harnröhre

Da all diese Möglichkeiten schon 90% der Fälle heilen, bleiben nur noch wenige für die Harnröhren - Unterspritzung. Dabei wird ein Zystoskop (Instrument zum Schauen in die Blase) eingeführt. Man sucht sich das innere Ende des Blasenhalses und spritzt dort Silikon unter die Schleimhaut. Dadurch entsteht ein Polster, der zum besseren Verschluss der Blase beiträgt.

Die primäre Reizblase ist einer operativen Behandlung nicht zugänglich. Hier hat die Patientin ein zu kleines Füllvolumen und daher muss frau oft hintereinander Harn lassen! Die Reizblase kann durch Blasendrill, Medikamente oder mittels Reizstromtherapie behandelt werden.

Beim Blasendrill muss die Patientin 2 Liter (ohne Kaffee) täglich trinken und jedesmal, wenn sie zur Toilette möchte, noch 10 Minuten warten. So dehnt sich die Blase durch den Reiz des zusätzlichen Volumens sukzessive wieder aus und die Miktionsinterwalle[147] werden größer. Unterstützend kann vorübergehend ein Medikament eingesetzt werden, das aber Mundtrockenheit hervorrufen kann. Ein Muskarinrezeptorantagonist[148] wirkt nur auf die Muskeln der Blase.

Ich konnte mich davon nicht überzeugen, da meine Patientinnen mehrere Krankheiten hatten und daher mehrere Medikamente nehmen mussten, die miteinander in Interaktion treten. Wenn eine junge Frau darüber berichtet, die nur ein

147 Zeitabstände zwischen den bewussten Harnentleerungen

148 Rezeptor: Zelle, Protein oder Proteinkomplex für die informative Weiterleitung von Reizen an das Nervensystem

Medikament nimmt, so ist das aussagekräftiger. Aber junge Frauen leiden nicht so oft an dieser Art von Inkontinenz.

Die Reizstromtherapie wird auch hier über eine Sonde, die in die Scheide eingeführt wird, mit einer speziellen Frequenz durchgeführt. Es gibt dazu handliche Geräte, die gegen Gebühr an die Patientin verliehen werden, damit sie die Therapie zwei Mal täglich über mehrere Wochen selbst durchführen kann.

Sie sehen, dass die Abklärung der Inkontinenz interdisziplinär[149] durchgeführt werden muss. Es eignet sich dazu kein Krankenhaus, in dem nicht alle FachärztInnen vertreten oder gleichzeitig anwesend sind. (Belegspital). Wichtige Voraussetzung für alles ist, dass die Patientin zuerst einmal darüber spricht!

149 mehrere Fachgebiete betreffend, übergreifend

Endometriose

Diese Krankheit verhält sich wie ein Chamäleon. Sie verursacht Schmerzen und Beschwerden, die nicht einheitlich sind und diese diffusen Beschwerden, die intensiv sein können, sind die Ursache dafür, dass die Krankheit nicht erkannt wird. Meist wird die Diagnose erst gestellt, wenn frau einen unerfüllten Kinderwunsch hat.

Die Krankheit lässt sich durch eine gründliche Untersuchung in einer Ordination nicht diagnostizieren. Es bedarf invasiver Diagnosemethoden, um zu einem definitiven Ergebnis zu kommen.

90 % der Frauen, die an Endometriose leiden, haben Regelschmerzen. 80% leiden an Unterbauchbeschwerden einschließlich Übelkeit und Darmsymptomen. In über 60 % kommt es zu langer und/oder sehr starker Blutung. 50% der Frauen klagen über Schmerzen beim Geschlechtsverkehr, Kopfschmerzen, Schwindel und Magenbeschwerden. Über 40 % der Frauen sind ungewollt kinderlos, 40 % leiden an häufigen Infektionen und 30% haben erhöhte Körpertemperatur. Da die Krankheit chronisch verläuft, kommen noch alle Symptome dazu, die bei allen chronischen Erkrankungen auftreten. Die Leistungsfähigkeit wird jedenfalls eingeschränkt.

Bei der Endometriose haben die Frauen gebärmutterschleimhautähnliche Drüsenstrukturen einschließlich des zellreichen umgebenden Stützgewebes an unnatürlichen Stellen. Natürlicherweise kommt dieses Gewebe nur in der Gebärmutter vor.

Diese Krankheit kann vom ersten Tag der ersten Regel (Menarche) auftreten. Es ist immer noch unbekannt, welche Faktoren dazu führen. Obwohl es mehrere Hypothesen gibt, gibt es noch keine wissenschaftlichen Daten darüber. Es ist auch nicht erklärbar, warum manche Frauen trotz Endometriose keine Beschwerden haben.

Die Endometrioseherde variieren in Form und Farbe. Die Herde können dunkelrot, blauschwarz, dunkelbraun, hellbraun bis gelb sein. Manche erheben sich nur gering über die Oberfläche der Beckenorgane oder des Bauchfells. Sie können auch polypartig vom Bauchfell ausgehend in die Bauchhöhle vorwachsen oder sie dringen in die Tiefe unter das Bauchfell in das umgebende Bindegewebe ein. Die Herde können zystische Strukturen haben, in deren Umgebung sich unterschiedlich ausgeprägte bindegewebsartige, narbige und entzündliche Reaktionen befinden. Diese Zysten können spontan platzen. Speziell die Zysten an den Eierstöcken, die besonders groß werden können, haben breiartigen, braunen Inhalt, was auf wiederholte Einblutungen hinweist.

Schon bei der Betrachtung der Endometrioseherde mit freiem Auge sieht man große Unterschiede. Durch die feingewebliche Untersuchung erkennt man ebenso drei verschiedene Gruppen. Auch biochemische Unterschiede hat man gesehen. So reagieren die Endometriosezellen unterschiedlich auf Hormone während des Menstruationszyklus. Vielleicht sind keine Östrogen- oder Gestagenrezeptoren entwickelt.

Unterschiedlich können auch die biochemischen Aktivitäten in Bezug auf Beeinflussung der Umgebung durch Stoffwechselveränderungen sein: zum Beispiel der Prostaglandin-Stoffwechsel wird verändert! Das Prostaglandin spielt eine Rolle bei Entzündungsvorgängen, bei Abwehrreaktionen, bei der Durchblutungsregelung, beim Eisprungmechanismus, beim Zelltod und bei der Schmerzentstehung.

Zwei deutsche Arbeitsgruppen haben gezeigt, dass der Tumor-Nekrosefaktor alpha bei Sterilitätspatientinnen mit Endometriose höher ist als bei solchen ohne Endometriose.

Der Tumor-Nekrosefaktor alpha ist ein Eiweiß, das bei der immunologischen Abwehr und der Gefäßneubildung eine wichtige Rolle spielt!

Es wird weiter geforscht und vielleicht findet man eines Tages einen Bluttest, der die Diagnose Endometriose zulässt. Jetzt muss man noch invasiv diagnostizieren. Man muss in die Bauchhöhle hinein schauen (Lapraskopie, Pelviskopie) und eine Probe entnehmen, die dann feingeweblich untersucht wird. Aufgrund der Beschreibung der Lokalisation und der Ausdehnung der Absiedelungen und Zysten kann man nur begrenzte Voraussagen über den Erfolg einer Behandlung machen. Je nach dem, welche Organe befallen sind und in welchem Ausmaß, ist die Symptomatik verschieden. Eine Endometriose kann zum Beispiel in den Darm hineinwachsen und zu einem lebensbedrohlichen Verschluss führen. In dieser Situation muss fachübergreifend operiert werden, was nur in einem großen Zentrum möglich ist.

Da es Endometrioseherde ohne Hormonrezeptoren gibt, ist eine Hormon-Entzugstherapie nicht in jedem Fall sinnvoll.

Wenn eine Therapie notwendig ist, müssen die Herde chirurgisch entfernt werden, weil sie auch Sekundärschäden machen. Sie können Narben und Verwachsungen verursachen. Durch die volumenmäßige Ausdehnung können sie andere Organe verdrängen oder wie beim Darm verstopfen. Auch in der Harnblase und im Harnleiter sind Endometrioseherde möglich, ebenso in dem Raum zwischen Gebärmutter, Scheide und Darm, aber auch überall sonst.

Sie können sich jetzt gut vorstellen, wieso die Endometriose aufgrund ihrer verschiedenen Lokalisationen, Ausdehnung, histochemischen[150] und immunologischen[151] Eigenschaften so variationsreiche Symptome verursacht.

Auch der Schweregrad der Erkrankung ist bei jeder Frau anders. Schweregrad der Erkrankung und Intensität der Beschwerden sind nicht direkt proportional.

Bitte, qualifizieren Sie keine andere Frau ab, weil sie behauptet, ihre Krankheit sei schmerzreicher. Es ist nichts leichter als Frauen auseinander zu dividieren! In solchen Situationen können andere Frauen die größeren Feindinnen sein. Das Beispiel der Endometriose zeigt, wie verschieden ein und dieselbe Krankheit bei verschiedenen Personen wirken kann.

---

150 die Gewebe- und Zellchemie von Organismen betreffend
151 die Immunabehr betreffend

Die häufigsten Indikationen für eine Lapraskopie (Pelviskopie) mit Probenentnahme sind:

- Zunehmende Schmerzen bei der Regel
- Schmerzen beim Geschlechtsverkehr
- Zyklusabhängige Schmerzen beim Stuhlabsetzen
- Zyklusabhängige Schmerzen beim Harnlassen.
- Zyklusabhängige Schmerzen an anderen Stellen, z. B. beim Zwerchfell, im Nabel, etc.
- Unerfüllter Kinderwunsch, da die Endometriose die Funktion von Eierstock, Eileiter und Gebärmutter stört.
- Organveränderungen, die im Ultraschall, beim Röntgen, im CT oder MR nachgewiesen werden.

Auf die chirurgische und medikamentöse Therapie kann ich hier nicht eingehen. Sie muss individuell mit der Patientin besprochen werden. Jedenfalls kann die Chirurgie auch bei dieser Krankheit heutzutage minimal invasiv in einem gut ausgerüsteten Zentrum durchgeführt werden.

Nicht richtig ist, dass eine Schwangerschaft die Endometriose heilt. Es ist sehr oft so, dass die Zahl der Frauen, die nach Schwangerschaften keine Endometriosesymptome mehr erleben oder über längere Zeit frei davon sind, sehr hoch ist, aber die Schwangerschaft ist keine Garantie für eine Besserung. Ich hatte selbst eine Patientin, die zwischen zwei Schwangerschaften an Endometriose litt.

Unwahr ist auch, dass nach dem Wechsel keine Schmerzen mehr auftreten. Sogar Frauen, denen die Eierstöcke und die

Gebärmutter entfernt worden sind, leiden noch an Endometriose. Durch mehrere chirurgische Eingriffe kann es auch zu Verwachsungen gekommen sein. Die Sekundärveränderungen bei Endometriose machen ebenfalls Schmerzen.

Da die Schmerzen bei der Endometriose durch Entzündungen und Verkrampfung entstehen, eignen sich als Schmerzmittel Prostaglandinhemmer[152] und nichtsteroidale[153] Antirheumatika[154]. Durch die Verkrampfung der glatten Muskulatur kommt es zur Verengung der Blutgefäße und daher zu einer Minderdurchblutung, das heißt, mangelnde Sauerstoffversorgung der Organe im kleinen Becken. Diese kann mit krankengymnastischen Übungen, Heilbädern und physikalisch behandelt werden.

Sollten Sie an Endometriose leiden, kontaktieren Sie eine Selbsthilfegruppe. Gibt es keine in Ihrer Nähe, gründen Sie eine! Es ist wichtig, dass Frauen sich untereinander austauschen. Dort können Sie auch erfahren, welcher Arzt/welche Ärztin am ehesten Ihren Bedürfnissen entspricht.

---

152 Hemmer einer Gruppe von Gewebshormonen, die chemisch Abkömmlinge ungesättigter Fettsäuren sind
153 keine Steroide (=kein Cortison) enthaltende
154 Entzündungshemmendes Medikament zur Rheumatherapie

Genitalverstümmelung

In Ländern anderer Kulturen - das hat nichts mit dem Islam als Religion zu tun - wird jungen Frauen, bevor sie Kinder bekommen die Klitoris weggeschnitten. Damit wird der Geschlechtsverkehr für sie zur lebenslangen Tortur. Oder sie verzichten auf eine Partnerschaft, aber auch dieser Wunsch wird oft nicht respektiert. Ich habe es selbst erlebt, dass solche Frauen in eine Ehe gezwungen werden.

Die Abwesenheit von Frauen im öffentlichen Leben in Österreich ist der Grund dafür, dass über Genitalverstümmelung als Asylgrund nicht einmal diskutiert wird.

Männer in der Politik können sich offenbar nicht vorstellen, dass das für Frauen eine Quälerei ist - auch bringt es keine Wählerinnenstimmen, wenn man das verurteilt. Welcher Mann möchte mit einer Frau verkehren, die dabei Schmerzen erleidet? Aber bei uns passiert ja „so etwas" nicht! Scheinbar ist es so. Aber auch bei uns wird unter dem Deckmantel der medizinischen Notwendigkeit am Genitale herum geschnitten und in vielen Fällen eine lebenslange Beeinträchtigung gesetzt, die natürlich abgestritten wird. Frauenärzte wissen immer alles besser.

Die Dammschnitte bei der Entbindung, wenn sie besonders groß ausfallen, so wie es der Gutachter nachher gerne hätte, werden gemacht, um einer Klage gegen den Arzt vorzubeugen.

Eine weitere Genitalverstümmelung ist eine unnötige Gebärmutter-Entfernung. Sie wird gemacht, weil das Krankenhaus daran mehr verdient oder weil modernere Operationseinrichtungen nicht angeschafft werden. Die Gebärmutter-Entfernung wird auch durchgeführt, weil die Ärzte nicht umlernen wollen, weil die in Ausbildungen stehenden Mediziner von jeder Methode eine gewisse Anzahl von Operationen brauchen für die Fachanerkennung und weil die Ärzte sowieso besser wissen, was für Frauen gut ist. Wir werden heute noch immer bevormundet, wenn wir nicht selber Bescheid wissen und die Bevormundung verhindern.

In einer Ansprache beim Congress of Urology am 8.10.1953 hob Papst Pius XII die spezifischen Bedingungen hervor, unter welchen Sterilisation oder jede andere Amputation zum Zweck der Sterilisation durchgeführt werden darf: Für eine moralische Erlaubnis von chirurgischen Operationen, die eine anatomische oder funktionelle Verstümmelung notwendig machen, gibt es drei Bedingungen:

- Wenn die Bewahrung oder Funktion eines bestimmten Organs einen schweren Schaden hervorruft oder eine Gefahr für den gesamten Organismus darstellt (das ist das Gesamtheitsprinzip).
- Wenn dieser Schaden nicht vermieden oder zumindest erkennbar reduziert werden kann, außer durch eine entsprechende Amputation, und wenn deren Wirksamkeit sicher ist; und
- wenn vernünftigerweise vorhergesehen werden kann, dass der negative Effekt, nämlich Verstümmelung und deren Konsequenzen, durch einen positiven Effekt auf-

gewogen werden. Verhinderung eines Schadens für den ganzen Organismus, Linderung der Schmerzen etc.

Laut OGH müssen Patientinnen über alle Methoden mit Vor- und Nachteilen aufgeklärt werden in einer Art und Weise, dass sie selber die Entscheidung treffen können, was in ihrem Leben (und nicht für den Arzt) das beste ist.

Bei der Gebärmutter-Entfernung werden die den Eierstock mit Blut versorgenden Gefäße durchgeschnitten, so dass dieser früher seine Hormonproduktion einstellt. Die Frau kommt früher in den Wechsel, die Beschwerden werden meist heftiger und dann bekommt sie Hormone verordnet, die ein Brustkrebsrisiko mit sich bringen. Der uterine Orgasmus ist ohne Gebärmutter sowieso nicht mehr möglich. „Die Alte" braucht das nicht mehr! Sie wird als alt bezeichnet, sobald sie zwei Kinder hat. Welcher Mann ist dann „alt"?

Ärzte wollen noch immer nicht glauben, dass Frauen keine homogene Gruppe sind und jede etwas anderes wollen könnte. Die Fähigkeit, selbst für uns zu entscheiden, wird uns schlicht und einfach abgesprochen als hätten wir keinen Verstand.

Die Ärzte unseres Kulturkreises, die für uns entscheiden wollen, fühlen sich haushoch überlegen. Welche Arroganz!

Die vorbeugende Brustamputation ist ebenfalls einem männlichen Hirn entsprungen. Wenn im Blut zwei Parameter (BRCA 1 und 2) positiv sind, wird davon ausgegangen, dass diese Frau Brustkrebs bekommt. Nicht jede genetische Disposition muss aber auch in Erscheinung treten. Für die Krebsentstehung gibt es auch eine Reihe anderer Faktoren, die zusammenkommen müssen. Die Angst, die damit von sogenannten Spezialisten gesetzt wird, schwächt die Abwehr und fördert die Krankheit. Bei einer Untersuchung der Stiftung Warentest in Deutschland kam heraus, dass von vier Frauen, die wegen eines Brusttumors (der bereits vorhanden war) operiert wurden, nur einer bösartig war.

Es gibt also keinen Gesinnungsunterschied in den Kulturen, wo und mit welcher Intensität die Verstümmelung vorangetrieben wird. Es ist wahrhaft traurig, dass auch Frauen an der Sache beteiligt sind, um wegen ihres „Wohlverhaltens" in einer Machtstellung zu bleiben.

Die Mutter, die die Genitalverstümmelung zulässt und ihre Tochter verkuppelt, weil es die Gesellschaft so will und es ihr auch nicht besser gegangen ist, ist genauso verabscheuungswürdig, wie die KZ-Aufseherin und die Assistentin, die ihren Professor und Lehrer verehrt und wegen seines Wohlwollens am Verrat an den Frauen teilnimmt.

Eine Assistentin, die sich an die paternalen Strukturen in der Medizin nicht anpasst, verliert ihren Job, wird nicht befördert oder hinausgemobbt. Solange es keine 50 % Quote zwischen Männern und Frauen in der Medizin gibt, wird sich da nichts ändern.

Der Druck kann nur von der Basis kommen. Krankenhäuser, die keine Frauen ausbilden oder einstellen, sollen nicht subventioniert werden. Aber auch in der Politik sind Frauen einsam auf weiter Flur. Überall dominieren die Männer. Sie wissen nicht, dass sie mit den Frauen die Familien zerstören.

Ich stelle in Abrede, dass der Mensch das Recht hat, Tiere zu töten, um sie zu essen. Aber wenn das Tier tot ist, spürt es nicht mehr, wenn in sein Fleisch geschnitten wird.

Ich erinnere mich noch sehr genau an meinen Dammschnitt im Jahre 1968. Ich habe ihn natürlich nicht gesehen, aber ich habe genau gehört, wie die Schere sich durch das straffe Gewebe grub. Das Geräusch werde ich nicht vergessen! Wäre dieses Gewebe je von selbst gerissen?

Die „Geburtshelfer" und Alibifrauen wissen es besser. So wurde ich auch noch dazu ohne ausreichende Narkose genäht, „tut ja nicht weh" ist die Überzeugung des Arztes gewesen. Wer gab ihm das Recht so zu entscheiden? Der Primar oder die Politiker, die ihm die Ausbildungsstelle zukommen ließen? Zu meiner Zeit gab es noch keine Gynäkologinnen. Die anwesende Hebamme war mir keine Hilfe, sie spielte das Spiel des Arztes. Er war sich der Verantwortung bei seiner Arbeit nicht bewusst. Er sah an mir nur das Fleisch, nur war ich noch nicht tot. Ich habe die Schmerzen nicht vergessen. Es blieb etwas zurück.

Heute dürfen Jugendliche ab 14 Jahren bei ihrer Behandlung mitreden, mit 18 sind sie großjährig. Als mein erstes

Kind starb war ich 20 und damals war man mit 20 noch nicht großjährig. Meine Mutter hätte für mich unterschreiben müssen, damit ich mein Kind in der Kinderklinik besuchen hätte dürfen. Meine Mutter gehörte noch einer Generation an, die meinte, Ärzte würden schon alles richtig machen. Das war ein Irrtum.

Heute lebt man das andere Extrem. Ich bezweifle, dass frau sich mit 14 der Tragweite eines Eingriffs bewusst ist, vielleicht auch nicht mit 18.

Ich erinnere mich an eine gerade noch nicht 18-jährige Patientin, die mit heftigen Unterbauchbeschwerden auf einer gynäkologischen Abteilung eingeliefert wurde. Die Ursache sei eine orangengroße Zyste auf dem Eierstock, deshalb müsste operiert werden. Die Ärzte wollten gleich das ganze Ovar herausnehmen, vorbeugend, damit keine Zyste nachkomme. Zum Glück brauchte diese Frau noch die Einwilligung der Eltern, die ihre Zustimmung nur zur Zystenentfernung gegeben haben. Das erregte den Unwillen der Ärzte, aber schließlich entfernten sie der jungen Frau widerwillig doch nur die Zyste. Sie ist jetzt seit Jahren beschwerdefrei. In diesem Fall war die notwendige Zustimmung ein Segen für die Tochter. Welche Eltern wollen eigentlich nicht das Beste für ihr Kind und wer bestimmt, was das Beste ist? Manchmal glaubt man als Elternteil, man hätte heutzutage nur noch Pflichten und keine Rechte mehr. Die Zustimmung zur Operation kann durch das Pflegschaftsgericht ersetzt werden.

Es gibt auch heute noch Frauen, die an das Spezialistentum und die Technik glauben wie die biblischen Völker an die heilige Kuh!

Wir wären schon ausgestorben, wenn nicht die Frauen vor uns im Vertrauen auf ihren Körper und den Rat der weisen Frauen zur Entbindung bereit gewesen wären.

Behinderte gibt es auch heute noch genug (und nicht wegen der Hausgeburten), obwohl sie vorgeburtlich abgetrieben werden sollen und bei Spitalsgeburten angeblich nichts passieren kann. Geistige Behinderungen kann man im Ultraschall nicht erkennen und die Verhaltensauffälligkeiten und Verletzungen bekommen die Menschen durch unser System (zum Beispiel Wohlstandsverwahrlosung) und das Mobbing.

Bei Operationen sollen Frauen jedenfalls keine Blankovollmacht unterschreiben, sondern darauf bestehen, dass zweizeitig operiert wird. Zuerst eine Probe und nach Einlangen des feingeweblichen Untersuchungsergebnisses eine weitere Entscheidung. Meist ist keine zweite Operation nötig.

Nicht zuletzt bekommen diejenigen Menschen eine gesundheitliche Störung, die sich Spezialisten anvertrauen, die gerne operieren. Man weiß aus der internationalen Literatur, dass 3% der Menschen infolge ärztlicher Intervention erkranken, 15% der Betroffenen sterben sogar daran. Da sind die Dammverletzungen nicht mitgezählt, denn diese sind legal und die meisten Frauen schweigen darüber.

Interessant ist, dass Medizinerinnen 30 % weniger Operationen über sich ergehen lassen. Das impliziert, dass frau durch Wissen um die medizinischen Zusammenhänge besser geschützt ist. Jede Frau kann dieses Wissen erwerben! Dass nur Rechtsanwältinnen genauso selten operiert werden, lädt zu der Spekulation ein, dass das Wissen um die Möglichkeit einer Klage ebenso vor unnötigen Operationen schützt.

Zu diesem Ergebnis kam eine Untersuchung im Auftrag des Schweizer Bundesrates, die überprüfte, welche Berufsgruppen wie häufig unters Messer kamen. In Österreich ist die Situation genauso.

In Ländern wie Holland, der Schweiz oder den USA, in denen einzelne öffentliche und private Versicherer bei geplanten Operationen eine Zweitmeinung eines unabhängigen Mediziners verlangen, ging die Operationsrate um 30 % zurück.

Frauen, die spezialistengläubig sind und meinen, nur Männer hätten da die Kompetenz, gehören nicht zu meiner Zielgruppe. Sie sollen weiterhin einen männlichen Frauenarzt aufsuchen, es gibt ohnehin zu wenige Ärztinnen für alle Frauen. Es bewahrheitet sich damit, dass Frauen keine homogenen Gruppe sind. Muslimische Frauen gehen nicht allein zu einem männlichen Arzt. Wir dürfen uns nicht in eine Norm pressen lassen, die von Männern gemacht wurde.

Die Einstellung zu den Sexualorganen der deutschsprachigen Bevölkerung erkennt man an den Namen, die einzelne

Körperteile haben. Der Teil der Brust, an dem das Baby saugt, erinnert im Deutschen an eine Hautkrankheit. Nur die Gosse hat Wörter. Mediziner flüchten sich daher in Begriffe, die keine versteht. So reden wir aneinander vorbei. Eine schwierige Sache, so der gesetzlichen Aufklärungspflicht nachzukommen! Fürs Reden bekommen Ärzte ja auch nicht bezahlt, sondern fürs Schneiden!

Für diese legitimierten Verstümmelungen gibt es natürlich kein Unrechtsempfinden. Bei Gericht würde den Frauen nicht geglaubt. Es gilt das, was männliche Ärzte sich bei ihren Konsensuskonferenzen[155] aushandeln. Dort spiegelt sich die Missachtung der Frau in unserem Kulturkreis wider. Haben Sie Worte?

155 Gruppen(druck)dynamische Übereinstimmungstreffen

Hormonersatz

Die Zeit des Wechsels zwischen der fruchtbaren und unfruchtbaren Phase im Leben wird von Frauen unterschiedlich erlebt. Statistisch tritt der Wechsel mit 53 Jahren ein, wenn nicht künstlich daran manipuliert wird, etwa bei Eileiterunterbindungen oder mittels anderer Operationen. Es können in dieser Zeit immer noch Zyklen mit Eisprung auftreten, so dass frau im Wechsel keinen ungeschützten Verkehr haben soll, wenn sie keine Kinder mehr will. In Unkenntnis dieser Sachlage kommt es immer wieder zu Schwangerschaften. Ist die Menopause, das Ende der Blutungen, eingetreten, so kann frau sich erst sicher sein, dass sie nicht mehr schwanger wird. Von der Menopause spricht man, wenn frau ein Jahr lang keine Blutung mehr gehabt hat.

Bei Frauen, die Kinder haben und noch oder wieder in einer Partnerschaft leben, fällt der Wechsel meist mit der Zeit zusammen, in der ihre Kinder erwachsen werden und ihrer täglichen Fürsorge nicht mehr bedürfen. Das ist oft die Zeit in der die Zweisamkeit neu erlebt wird. Während der Kindererziehung war frau in unserer Gesellschaft ja hauptsächlich Mutter. Sollten irgendwelche Probleme aufgrund der täglichen Sachzwänge unter den Teppich gekehrt worden sein, so brechen sie jetzt hervor. Ist der männliche Partner einige Jahre älter, so kann seine Pensionierung in denselben Zeitraum fallen.

Der Eintritt in den Ruhestand ist immer eine sensible Phase, beide Partner fühlen sich oft unverstanden und Konflikte sind an der Tagesordnung. Dies ist oft der Lebensabschnitt, in dem die Beziehung auf neue Beine gestellt werden muss. Ist das Leben bis jetzt so gelaufen, wie beide es sich vorgestellt haben? Kann das Paar das nachholen, was es sich immer für die Pension gewünscht hat? Ist es zu spät oder hat man schon aufgehört miteinander zu kommunizieren? Was erwarten beide vom restlichen Lebensabschnitt ohne Kinder? Haben nur die gemeinsamen Kinder die Ehe aufrecht gehalten?

Ein Drittel aller Frauen hat keine körperlichen Probleme im Wechsel. Darüber sollte frau froh sein und es so belassen! Ein anderes Drittel hat wenig körperliche Symptome und einige leiden unter ihnen. Dazu kommen noch die Frauen, bei denen es aufgrund einer Operation zu einem abrupten oder vorzeitigen Wechsel kommt. Sie haben massive Beschwerden und müssen sich ernstlich überlegen, ob sie einen Hormonersatz nehmen wollen.

Mit der ewigen Schönheit und Jugendlichkeit werden manche Frauen verführt, die den Hormonersatz medizinisch nicht brauchen. Das ist keine seriöse Aufklärung, die aber eigentlich gesetzlich vorgeschrieben ist. Die Hormone sind rezeptpflichtig und sehr wirksame (in Pikogramm[156]) Medikamente. Sie haben natürlich auch Nebenwirkungen! Darüber muss frau sich klar sein!

Oft wird von Ärzten autoritär ins Treffen geführt, der Hormonmangel sei therapiepflichtig!

---

156 p=10 hoch minus 12

In Anlehnung an die Zuckerkrankheit, bei der das körpereigene Insulin fehlt – ebenfalls ein Hormon – wird der Wechsel oder die Menopause als therapiepflichtig bezeichnet. Wie viel Sexualhormon fehlt, kann nie so genau bestimmt werden, wie das Insulin beim Diabetes. Da wird aufgrund des Blutzuckerspiegels die Dosis genau festgelegt.

Macht die Patientin einen Diätfehler, so kann sie aufgrund der Messung zwei oder mehr Einheiten Insulin dazu spritzen. Beim therapiepflichtigen Sexual-Hormonersatz geht das nie so. Man kann zwar einzelne Hormonspiegel bestimmen, aber es kommen eben mehrere in ihrer Gesamtwirkung zum Tragen. Meistens werden Östrogene und Gestagene ersetzt.

Diese Hormonkombination kann sicher nicht den Prozess des Alterns aufhalten oder den natürlichen Umstellungsprozess der Wechseljahre vermeiden, es sei denn, frau nimmt die Hormone bis zu ihrem Tod. Auch das Absetzen der künstlichen Hormone macht einen Entzug. Künstlich sind sie allemal, auch wenn sie der Natur abgeschaut sind!

Der Hormonersatz behebt nicht unfreiwilliges Harnlassen und er löst keinesfalls seelische Probleme! Obwohl die Hormone als Vorbeugung gegen Osteoporose angepriesen werden, können sie nicht Knochenmasse aufbauen!

Der Arzt/die Ärztin hat die Pflicht, Sie über alle Nebenwirkungen der Hormon-Ersatztherapie aufzuklären. Er/Sie darf sie nicht wie in der Werbung anpreisen! Fordern Sie die Aufklärung ein! Sprechen Sie mit anderen Frauen! Bei der Entscheidungsfindung kommt es auf die Abwägung an, welche Krankheiten Sie vermeiden möchten.

Erfahrungen in der eigenen Familie und im Bekanntenkreis beeinflussen die Einschätzung des Schweregrads einer Krankheit. Wenn Sie Ihre krebskranke Mutter bis zum Tode gepflegt haben, ihr Mann aber nach einem Herzinfarkt mit seinem Bypass recht gut lebt, werden Sie selbst entscheiden können, was schlimmer ist.

Vielen Frauen geht es bei ihren Überlegungen weniger um eine Lebensverlängerung als vielmehr um eine Frage der Lebensqualität. Es ist eine Illusion zu glauben, eine Frau hätte tatsächlich die Wahl, welche Krankheit auf sie zukommt. Manche Frauenärzte haben die Tendenz, den Krebs zum Krebserl herunter zu stilisieren und die Osteoporose als Schreckensgespenst zu malen. Über die Knochendichte kann ich mich mittels einer Untersuchung informieren. Frau weiß dann, ob sie die Krankheit hat oder nicht. Hat sie die Osteoporose nicht, kann sie mit gesunder Ernährung und angemessener Bewegung vorbeugen. Hat sie die Krankheit, kann sie eine Therapie machen, mit der sie spätestens nach zwei Jahren wieder aufhören kann. Diese Therapie muss nicht aus Hormonen bestehen.

Besseres Wohlbefinden während der Einnahme von Hormonen spricht nicht für diese! Viele Abhängigkeiten wie das Rauchen, das Trinken von Alkohol oder die Einnahme von Psychopharmaka verursachen Wohlgefühle. Das Wohlbefinden unter Hormonen könnte ein Zeichen der Abhängigkeit sein.

Zu Beginn eines Hormonersatzes muss eine gründliche Untersuchung gemacht werden. Zuerst muss die persönliche Krankengeschichte und die der Familie erhoben werden. Fragt der Arzt/die Ärztin das nicht, ist er/sie schlampig. Der Blutdruck muss gemessen werden. Ist er normal, so kann es doch sein, dass er sich im Laufe der Therapie erhöht. Frauen, die immer einen niedrigen Blutdruck hatten, müssen so zusätzlich blutdrucksenkende Mittel einnehmen. Die verschreibt nicht der Frauenarzt, daher kümmert er sich auch nicht darum oder streitet einen Zusammenhang ab.

Dass die Hormone für Herz und Kreislauf gut sein sollen, konnte in Studien nicht bestätigt werden, ganz im Gegenteil, eine amerikanische Studie musste wegen Auftretens von Herzinfarkten, Schlaganfällen (und Krebs) vorzeitig abgebrochen werden. Allgemein bekannt ist ja auch, dass eine Gewichtszunahme dem Herz-Kreislaufsystem abträglich ist. Auch werden am Herz-Kreislaufsystem Östrogenrezeptoren gefunden.

Eine Studie bei Mäusen zeigte, dass die Stimulation eines Östrogenrezeptor-Typs (ER beta) die NO Produktion (Gas) erhöhte. Dieses vermehrte NO war für eine Gefäßerweiterung verantwortlich. Das Team schuf dann einen Mäusestamm, bei dem das Gen für ER beta ausgeschaltet worden war. Diese Mäuse zeigten einen chronischen Hochdruck beider Werte. Die glatten Gefäßmuskelzellen dieses Mäusestammes wiesen eine abnormale Funktion auf. Man kann sich daher vorstellen, dass auch beim Menschen ein Zusammenhang besteht zwischen einer Abnormität von Östrogenrezeptoren und Hochdruck.

Ich selbst habe in meiner Praxis jedenfalls beobachtet, dass manche Frauen auf Östrogene einen Hochdruck entwickelten und manche nicht. Außerdem haben Studien gezeigt, dass Auswirkungen von Östrogenen in Organen vorhanden sind, bei denen niemals angenommen wurde, dass sie auf Geschlechtshormone reagieren würden. Was man da alles durcheinander bringen kann, von dem man noch nichts weiß!

Die Brust muss genau untersucht werden. Sind Knoten da, muss deren Dignität[157] (gutartig oder bösartig) abgeklärt werden. Von 1000 Frauen bekommen jährlich 42 einen Brustkrebs. Das Risiko steigt pro 5 Jahre, in denen Hormone eingenommen werden, an. Da in Österreich nicht alle Frauenärzte Mammachirurgie[158] betreiben, kümmern sie sich nicht gerne darum.

Eine Untersuchung des Unterleibs mit zwei Händen und ein Abstrich der Zellen des Gebärmutterhalses kann aber schon erwartet werden. Die Leber und ihre Funktion kann mittels Ultraschall und aus dem Blut untersucht werden. Wichtig ist auch, welche Medikamente frau sonst noch einnimmt und, ob sie schon früher Hormone, ganz gleich zu welchem Zweck, genommen hat. Zur Verhütung, als Pille danach oder zur Therapie ...

157 lat. Würde; in der med. Fachsprache im Sinne von „Wertigkeit" verwendet
158 Brustchirurgie

Nach allen Untersuchungen muss frau sich selbst fragen, was sie sich von der Hormonersatz-Therapie erwartet und welches Gefühl sie dabei hat.

Ich habe schon Frauen erlebt, die weiterhin unter ihren Hitzewallungen und Schweißausbrüchen litten, obwohl sie Hormone einnahmen. Gibt es außer den Hormonen vielleicht eine andere Therapie? Frauenärzte in Österreich sind ausnahmslos Schulmediziner und werden auf alternative Möglichkeiten nicht aufmerksam machen. Sie bekommen ja bei einer HRT (hormon replacement therapy, wie sie im Englischen heißt), alle regelmäßig einen Krankenschein oder die E-Card für das Rezept und die Untersuchungen. Außerdem haben sie von oben herab dieselbe Gehirnwäsche.

Die Lieblinge der JournalistInnen schreiben in allen Fachzeitungen dasselbe. Professoren, die zur Vorsicht mahnen, kommen seltener zu Wort.

An Nebenwirkungen müssen Frauen eine Gewichtszunahme von mindestens 3 Kilo in Kauf nehmen. Es kommt zu Wassereinlagerungen, die die Falten zum Verschwinden bringen. Sie führen zur Erstarrung und nicht zur Jugendlichkeit. Brustschmerzen und Brustvergrößerungen wie am Beginn der Schwangerschaft kommen häufig vor. Blutungen, Sehstörungen und Übelkeit werden auch berichtet. Es kommt mit der Zeit zu einem Fremdheitsgefühl im eigenen Körper und zu Depressionen. Der Frauenarzt wird sagen, die Depression sei ein Symptom des Hormonmangels. Er geht davon aus, dass frau wegen der abhanden gekommenen Fruchtbarkeit in die Depression fällt. Die meisten Paare sind aber froh, wenn sie nicht mehr verhüten müssen.

Zu solchen Fehleinschätzungen kommt es, wenn Frauen nicht gefragt werden. Das Erheben der Anamnese braucht Zeit, die der Arzt sich nicht nimmt. Außerdem weiß er ja, was im Lehrbuch steht. Hormone verändern den Fettstoffwechsel im Blut. Vielleicht bekommen sie einen Cholesterinsenker verordnet. Ihr Arzt glaubt nie, dass Sie dasselbe essen wie Ihr Mann und der braucht keinen! Frauen essen ja heimlich geile Torten gegen den Frust des Alterns. Manche Frauen entwickeln auch Gallensteine. Es können Kopfschmerzen auftreten oder regelrechte Migräneanfälle. Immer diese Hysterie bei den Frauen! Männer haben nicht so oft Migräne!

Durch die Hormone kommt es zu einer Veränderung des pH-Wertes in der Scheide und daher zu mehr Infektionen. Jetzt ist Ihr Mann beleidigt, immer hat sie was, erstens hat er das nicht heimgebracht, er war nirgends und zweitens muss er dieses Pilzmittel jetzt auch nehmen. Wie kommt er denn dazu?

Unter Hormonen kann sich eine Endometriose weiterentwickeln, die vorher noch keine Schmerzen gemacht hat und es können Zysten auftreten und Myome oder vorhandene Myome wachsen. Ungeklärte Blutungen ziehen wie das Amen im Gebet auch heute noch Curettagen nach sich, einen Blindflug mit dem scharfen Löffel, der schon überholt sein sollte, aber man verdient immer noch gut daran. Die Mammographie wegen des Brustkrebs-Risikos ist unter Hormonen weniger aussagekräftig, weil das Drüsengewebe dichter ist.

Sollten Sie sich von den Nebenwirkungen nicht abschrecken lassen, so fragen Sie, wie lange die Substitution[159] vorgesehen ist. Ist die Dosis so niedrig wie möglich? Wenn die Ovarien (Eierstöcke) entfernt sind, wird die Östrogendosis später reduziert, um dann die natürlichen Wechseljahre nachzuahmen?

Sollten Sie sich für eine Hormonersatz-Therapie (Therapie nicht Vorbeugung) entscheiden, so müssen Sie die Freiheit haben, sie wieder abzusetzen. Das dürfen Sie nicht abrupt tun, sonst kommt es zu einem Entzug, wie bei einem Missbrauch von Alkohol, Nikotin, etc. Zur Behandlung von Wechselbeschwerden ist die Gabe nicht länger als 5 Jahre notwendig. Die Lebensqualität wird nur bei massiven Wechselbeschwerden gebessert.

In Amerika wurde die oben erwähnte Studie nach 5,2 Jahren abgebrochen, bei der die Frauen Östrogene und Gestagen substituiert bekommen haben. Es kam in dieser Gruppe von Frauen zu einem Ansteigen von Brustkrebs und Herzinfarkt (Excess risk events). 42% der Frauen beendeten vorzeitig die Studie. Was sagt uns das?

---

159 Zufuhr von Medikamenten zum „Ersatz“ bzw. „Ausgleich“ von Körperungleichgewichten

Nach Beendigung einer englischen Studie kamen zaghaft Warnungen in der Presse.

Die WHI Studie an 4532 Frauen zeigte, dass durch die Hormonersatz-Therapie sogar die Demenzentwicklung (geistiger Abbau) begünstigt wird. Bei einer Studie an 2589 Frauen aus dem Baltikum und Skandinavien sah man, dass 40 bis 50% mehr Frauen unter HRT an Asthma litten und das Heuschnupfenrisiko um 30% erhöht war.

Die eingenommenen Hormone und ihre Stoffwechselprodukte werden im Harn ausgeschieden. Diese kommen ins Abwasser und können dort nicht geklärt werden. So gelangen sie wieder ins Trinkwasser. Eigentlich müsste der Harn als Sondermüll entsorgt werden. Aber das ist nicht nötig. Es werden ja auch den Tieren Hormone gefüttert, damit sie schneller wachsen. Die essen wir dann mit dem Fleisch. Die Hormone gehen auch in die Milch der Kühe über. Das kann überall passieren. Vielleicht ist nur nicht lückenlos kontrolliert worden. Auch die Wassertiere trinken das kontaminierte Wasser, so werden auch in der Tierwelt Fertilitätsstörungen[160] und hormonabhängige Geschwülste gefördert. Der Kreislauf schließt sich. Wir essen ja auch die Fische ... Wo kommt nur der Krebs her?

Als im Tierfutter Hormone gefunden wurden, bezeichnete die Pferde Revue das als Futtermittelskandal. Eine belgische Firma hatte das Medroxyprogesteronacetat[161] (MPA) nicht

160 Fruchtbarkeitsstörungen

161 künstlich hergestelltes Gestagen, das als Eisprunghemmer insb. in der Dreimonatsspritze zum Einsatz kommt

entsorgt, sondern in Glucosesirup weiterverarbeitet, der an Futtermittelhersteller gewinnbringend weiterverkauft wurde. Das Futter wurde in Deutschland und Österreich in Verkehr gebracht. Im Landgestüt Nordrhein-Westfalen war es zu merkbaren Fruchtbarkeitsproblemen gekommen. Der Vertragstierarzt der Besamungsstation sprach von einer schwierigen Decksaison. MPA fällt bei Sportpferden unter die verbotenen Substanzen (Dopingliste!). Wenn bei einem Pferd nach einem Turnier MPA festgestellt worden wäre, hätte es eine Disqualifikation gegeben. Bei einem Verschulden des Reiters/der Reiterin wäre er/sie für sechs Monate gesperrt worden. Beim Trinkwasser für Menschen regt sich niemand auf!

Das alles muss natürlich besprochen werden, wenn frau eine Therapie braucht. Professorin Dr.^{in} Ruth Wodak vom Institut für Sprachwissenschaft an der Universität Wien hat umfassende Studien zum Thema „Arzt-Patienten-Kommunikation“ erstellt. Sie meint, dass sich schon viel geändert hat und auch viele ÄrztInnen diese Fortbildungen besuchen, aber die Umsetzungen ihres Wissens durch strukturelle Probleme gehindert werden.

Eine Arbeit des Ludwig-Boltzman-Institutes für Medizin/Soziologie hat herausgefunden, dass aufgeklärte Patientinnen eine Woche früher aus der stationären Behandlung entlassen werden können. Informierte Patientinnen sind zufriedener und daher weniger Stress für die behandelnden ÄrztInnen.

Zum Wechsel ist noch zu sagen, dass nicht jedes Ausbleiben der Blutung die Menopause bedeutet. Kommt die Frau aus ihrem seelischen Gleichgewicht, so kann sich die Blutung verstärken oder ausbleiben. Im Krieg waren die Umstände so grausam, dass bei vielen Frauen die Blutung ausgeblieben ist, nachher hat sie von selbst wieder eingesetzt. Auch Hunger verursacht ein Stoppen der Blutung. Heute sieht man das nur noch bei Frauen die an Anorexia nervosa (Magersucht) erkrankt sind oder bei Models, die ja für ihren Beruf schlank sein wollen. Der Körper schaltet im Hungerzustand auf Sparflamme und sagt sich, jetzt kann die Frau kein Kind austragen!

Frauenärzte sehen das Symptom isoliert und fahren mit Hormonen über den Körper der Frau. Es kommt dann zu einer Blutung, aber das ist keine normale Regelblutung, weil kein Eisprung stattgefunden hat. Wenn die Frau wieder das normale Gewicht hat oder das Unglück vorbei ist, kommt der Zyklus von selbst wieder in Gang. Früher wurden wir aufgeklärt, dass sich bei einer Reise die Regel verschieben kann. Das weiß heute fast keine Frau mehr, weil sie entweder die Pille nimmt oder schon vorher die Regel mittels Hormonen verschiebt.

Jede Frau, bei der die Regel ausbleibt, sollte sich fragen, ob sich in ihrem Leben etwas grundlegend verändert hat. Oder steht sie vor einer schweren Schularbeit oder sonst einer Prüfung im Leben? Nimmt sie irgendwelche Medikamente, ist sie krank? Nur sie kann das wissen.

Oft habe ich gesehen, dass bei Frauen, die Angst haben schwanger zu sein, die Regel ausblieb. Als sie sich mit dem

Zustand abgefunden hatten, kam die Blutung von selbst. Was bringt Frauen aus ihrer Mitte? Das darf sich auch auf den Biorhythmus auswirken!

Ich bin 33 Jahre im Beruf und erinnere mich genau, dass es die Ärzte waren, die mit Jugenderhaltung für die Hormone warben. Mit dem Bild einer Neandertalerin, über und über behaart und eine Keule in der Hand, wurde in Fachzeitschriften für den Hormonersatz geworben. So muss frau heutzutage nicht mehr ausschauen. In der normalen Tagespresse war es nicht so aggressiv dargestellt, ist ja auch verboten. Jetzt beklagen sich die Ärzte, dass manche Frauen das einfordern, was nicht möglich ist und was niemand leisten kann – ewige Jugend. Inzwischen hätte man mehr als genug Erfahrung mit dem Hormonersatz. Wir sind keine Versuchskaninchen! Aber ein bisschen spielt die frauenverachtende Einstellung eine Rolle: Wenn sie kein Kind mehr kriegen kann oder will, dann braucht man keine Vorsicht mehr walten lassen!

Die jungen Frauen werden über den Mutter-Kind-Pass und die Verhütung bei der Stange gehalten, ältere durch das Versprechen von mehr Jugendlichkeit. So werden Frauen von Anfang an daran gewöhnt, dass sie zum Arzt gehen müssen, auch wenn sie nicht krank sind. Das System garantiert eine lückenlose Überwachung und die Einhaltung von gesellschaftlichen Forderungen, die frau vielleicht gar nicht will. Die Schuleinstellungsuntersuchung, die es seit kurzem gibt, hat die letzte Lücke in der Überwachung geschlossen! „Frauen, steht auf wider die Tyrannei der Norm!" (Rosa Mayreder)

Ist der Frauenarzt für unsere Schönheit verantwortlich?

Wann immer eine Frau wegen eines gesundheitlichen Problems zum Frauenarzt geht und dieses gelöst haben möchte, kann sie hören: „gnä´ Frau, da machen wir ein kleines Schnitterl, das sieht man nachher kaum (die Schönheit bleibt erhalten)“ oder „man kann den Schnitt direkt in den Nabel platzieren, so dass man nachher überhaupt nichts sieht“. Das ist nicht das vorrangige Ziel, warum die Frau gekommen ist. Auf der anderen Seite sind Ärzte immer wieder zu verstümmelnden Operationen bereit, wenn es Geld bringt. Wenn die Frau Schmerzen hat, möchte sie, dass diese aufhören. Sie geht zum Arzt und er reagiert als Mann. Der eigene Partner ist da meist nicht so heikel. Er ist aus anderen Gründen über die Jahre mit der Frau zusammen geblieben.

Für die Menschen ist das Schöne ein Versprechen von Glück. Je unbewusster jemand ist, desto mehr sucht er das Schöne da, wo es das Versprechen von Glück am wenigsten erfüllt: im Körper!

In jungen Jahren hat Frau weniger gesundheitliche Probleme. Erst später im Leben stellen sich diese ein. Sollte die Frau mindestens eine Schwangerschaft hinter sich haben, hat sie wohl auch den einen oder anderen Schwangerschaftsstreifen, sowohl auf der Brust als auch auf dem Bauch. Die Bauchdecke wird kaum mehr so straff wie vorher. Und da sagt der Frauenarzt, die Schönheit muss erhalten bleiben! Frau fühlt sich oft genug dabei nicht ernst genommen. Wie schätzt er dann ihre Beschwerden ein? Darf er seinen Maßstab an uns anlegen?

Es gibt Frauen, die sich nach der traditionellen chinesischen Medizin behandeln lassen und wissen, dass der Nabel ein besonderer Energiepunkt ist. Sie sagen, überall seien sie zu einem Schnitt bereit, aber nicht am Nabel.

Wenn ein großer Bauchschnitt notwendig ist, zum Beispiel um die Lymphknoten beurteilen zu können, wird seit Jahrzehnten von einem Bikinischnitt gesprochen. Eigentlich heißt der Schnitt Pfannenstillaparotomie. Frau hat den Schnitt knapp über der Haargrenze von einer Seite zur anderen und kann dann nachher noch einen Bikini anziehen, ohne dass man die Narbe sieht.

Auch eine Frau, die sich einer Gallenblasen-Operation unterziehen musste - da ist die Narbe im rechten Oberbauch - kann nachher noch einen Bikini anziehen, dann sieht man/frau die Narbe eben!

Dasselbe Phänomen mit der kleinen Narbe erlebt frau, wenn ein Knoten in der Brust festgestellt wird. In der Mammographie und im Ultraschall ist die Dignität des Knotens manchmal nicht beurteilbar. Da werden immer noch allerlei Stanzen und Punktionen mit fast keinen Narben (wegen der Schönheit) von Ärzten empfohlen.

Kein Mann hat eine Frau wegen so einer Narbe verlassen! Bis zu 10 cm im Durchmesser messende Knoten sind so entfernt worden, ohne dass die Form der Brust gelitten hatte.

Voraussetzung dafür ist natürlich, dass frau das in einem kompetenten Zentrum machen lässt. Ich habe immer in ein allgemeinchirurgisches Zentrum zugewiesen, das viel Erfahrung hatte und alle Frauen waren nachher den Umständen entsprechend zufrieden. In Österreich gehört die Mammachirurgie hauptsächlich in die Hände der Allgemeinchirurgie. Ein Gynäkologe braucht eine Zusatzausbildung dafür. Auch Allgemeinchirurgen behandeln Männer und Frauen. Stellt sich heraus, dass eine Nachbehandlung sinnvoll ist, ist die Frau gleich an Ort und Stelle.

Zu einer Patientin, der alles radikal entfernt worden war, sagte ein Frauenarzt: „Was wollen Sie denn noch bei mir? Ist ja eh nichts mehr drinnen! Ein Klitoriskarzinom ist extrem selten ..."

Die Frau, die mir das erzählte, kann das nicht erfunden haben. Was mag sich der Frauenarzt gedacht haben, als er sagte: „ gnä' Frau, nur ein Schnitterl?" Der Ehemann hat seine Frau nicht verlassen! Sie leben noch immer zusammen. Den Hormonersatz rezeptiert nun die Hausärztin. In diesem Fall, wo die Eigenproduktion abrupt (chirurgisch) beendet wurde, bin auch ich dafür.

Krebs

Eine bösartige Erkrankung ist immer lebensbedrohlich. Manche Menschen nehmen sich erst nach der Diagnose „Krebs“ Zeit, darüber nachzudenken, was sie von ihrem Leben erwartet haben und noch erwarten. Nach einer anfänglichen Phase des Kopf-in-den-Sand-Steckens und Ignorieren der Krankheit - es kann nicht sein, was nicht sein darf - kommt jede Krebspatientin früher oder später in die Situation, zu fragen. Die erste Frage ist meist: warum ich?

Wir unterliegen alle denselben Umweltbedingungen, haben aber nicht alle dasselbe Abwehrpotenzial. Damit meine ich nicht nur die immunologische Abwehr, sondern auch das NEIN-Sagen können: Ich habe genug gearbeitet, ich kann nicht mehr und muss jetzt schlafen. Gerade Frauen unterliegen in unserer Sozialisation dem Helfersyndrom. Sie sind dafür zuständig, wenn in der Familie oder Verwandtschaft jemand Hilfe braucht.

Gibt es pflegebedürftige Verwandte so ist es meist die Frau, die vielleicht auch noch den Beruf aufgibt, um die Pflege zu übernehmen. Kennen Sie einen Mann, der das tut? Wenn ein Körper über Jahre ausgemergelt wird, ist er nicht mehr so widerstandsfähig. Der immerwährende Schlafentzug tut ein Übriges.

Erst wenn die anderen schlafen, hat frau Zeit, dieses und jenes noch zu erledigen, ohne Rücksicht auf die eigenen Bedürfnisse. So arbeiten viele Frauen jahrelang über ihre Grenzen hinaus und haben nicht einmal die nötige Anerkennung dafür und auch kein Geld. Das Selbstwertgefühl leidet beträchtlich. Dieses Verhalten ist autoaggressiv[162] und bereitet einen Nährboden für alle möglichen Erkrankungen. Der Krebs ist eine Erkrankung, bei welcher der eigene Körper zerstört wird. Alle mögliche Noxen (schädigende Einflüsse) haben dann leichtes Spiel.

Die Schulmedizin anerkennt nur substanzielle krebserregende Agentien[163]. So ist auch ihr Ansatz für die Therapie sehr technisch und körperlich. Operateure sind meist Männer, sie übernehmen in den Krankenhäusern die Führung in der Therapie. Entsprechend einseitig ist diese dann. Natürlich steht zuerst der körperliche Aspekt im Vordergrund. Daher plädiere ich für eine Nachbehandlung auf mehreren Ebenen.

Eine begleitende Therapie von Anfang an ist meist nicht möglich, weil die Patientin mit den schulmedizinischen Therapien so in Atem gehalten wird, dass kein Raum mehr ist für noch etwas anderes. Die Krankenkassen zahlen alle teuren Körpertherapien und sonst nichts. So wird die umfassende (ganzheitliche) Therapie auch zu einer finanziellen Frage.

Viele Patientinnen, die diese Krankheit überlebt haben, gehen mit einer anderen Einstellung zum Leben daraus hervor. So ist Krebs auch die Chance zum Umdenken. Dinge, die vorher wichtig waren, sind es dann nicht mehr und andere bekommen mehr Gewicht. Frauen, die ins Krankenhaus kommen, fühlen sich aus dem Leben herausgerissen, sie hinterlassen eine große Lücke zu Hause oder bangen um ihren

162 selbstschädigend
163 wirkende Mittel

Arbeitsplatz. Es ist oft das erste Mal, dass sie sich um die eigenen Bedürfnisse kümmern müssen.

Der häufigste Krebs bei der Frau ist der Brustkrebs.

Die Schulmedizin postuliert eine genetische Disposition und hat das BRCA 1 und BRCA 2 entdeckt. Inzwischen gibt es auch schon ein BRCA 3. Das sind Faktoren, die aus dem Blut bestimmt werden können. In Amerika verlangen Versicherungen diese Untersuchung und wenn diese positiv sind, soll frau sich vorbeugend die Brust wegschneiden lassen, dann bekommt sie keinen Brustkrebs. Die vorbeugende Mastektomie[164] ist ernsthaft in Fachmedien diskutiert worden. So kann wirklich nur ein Mann denken! Dasselbe hat man in Europa ja über die Gebärmutter gesagt: Männer meinen, wenn frau sie nicht mehr zum Kinderkriegen braucht, soll sie diese wegschneiden lassen, dann braucht sie (er?) nicht mehr verhüten. Uns fragt man nicht. Ich hätte sonst vorgeschlagen, diese Ärzte sollen sich die Zunge herausschneiden lassen, dann können sie so etwas nicht mehr sagen und bekommen obendrein keinen Zungenkrebs mehr!

Ab einer gewissen Intensität macht die Vorbeugung auch Angst. Diese setzt die Abwehr und Entscheidungsfähigkeit herab.

Wie ist das nun, wenn der Brustkrebs tatsächlich schon vorhanden ist? Dann muss natürlich therapiert werden.

---

164 Entfernung der Brustdrüse bzw. Milchdrüse

Bei der Diagnostik des Krebses wird zwischen nichtinvasiver und invasiver (eingreifender) Methode unterschieden.

Mammographie und Ultraschall ergänzen einander. Ist das Brustgewebe sehr dicht (z. B. unter Hormontherapie), so ist der Ultraschall aussagekräftiger. Wenn man zwar einen Knoten tastet, aber im Röntgen keinen sieht, ist der Ultraschall gefragt. Dieser sollte auf jeden Fall in einem Röntgeninstitut angefertigt werden. Diese Untersuchungen können ambulant gemacht werden. Auch vom Ultraschall gibt es Bilder, die Sie mitnehmen können.

Kein Arzt/keine Ärztin bewahrt sie in der Ordination auf. Sie können mit den Bildern auch eine Zweitmeinung einholen.

Ein MRT (Magnetresonanz-Tomographie) ist hilfreich zur Unterscheidung, ob ein Tumor nachgewachsen ist nach einer Operation, oder ob es sich um eine Narbe handelt. Ein MRT ist auch wichtig wenn der Verdacht besteht, dass der Krebs mehrere Herde haben könnte und bei Brustimplantaten, ebenso bei Patientinnen, bei denen die BRCA-Faktoren und die Familienanamnese positiv sind.

Besteht der Verdacht auf Bösartigkeit des Knotens oder der Knoten, so verlangt die Schulmedizin eine Biopsie mit einer feingeweblichen (histologischen) Typisierung[165] vor der Operation, damit dann der Therapieplan entsprechend adaptiert wird.

Der diagnostische Eingriff wird in örtlicher Betäubung mit einer Biopsienadel oder einer Stanze gemacht, manchmal unter zu Hilfe nehmen von Vakuum. Kann der Knoten nicht

165 Klassifizierung, Einstufung

getastet werden, so muss die Stelle im Röntgen mit Häkchen markiert werden, damit gezielt biopsiert werden kann. Wenn in der Histologie[166] auch nichts über die Dignität[167] ausgesagt werden kann, so wird während der Operation ein Schnellschnitt gemacht. Die Probe wird eingefroren und feinlamelliert geschnitten, um sie schnell (während der Operation) befunden zu können. Nach dieser Typisierung richtet sich das weitere Vorgehen.

Ist der Knoten in der Brust gut zu tasten und gut abgegrenzt, würde ich für ein zweizeitiges Vorgehen plädieren. Es wird zunächst der ganze Knoten entfernt und wieder zugenäht. Dann kann die Histologie alle Register spielen (Lichtmikroskop, Elektronenmikroskop ...) und die Patientin in den nächsten zwei Wochen in die Entscheidung über den weiteren Therapieplan mit einbezogen werden.

Es ist sehr wichtig, ob die Lymphknoten befallen sind. Der Lymphabfluss der Brust wird zunächst in den Lymphknoten der Achselhöhle gefiltert. Da gibt es einen sogenannten Wächterlymphknoten (Sentinel Node). Wenn der nicht befallen ist, sind auch die anderen frei. Es muss also in diesem Fall nur der eine herausgenommen werden. Es gibt eine Methode mit blauem Farbstoff und eine Methode mit nuklearmedizinischer Markierung (Technetium 99 m markiertes kolloidales Huma-

166 Lehre vom biologischen Gewebe auf zellulärer Ebene
167 von lateinisch dignitas Würde, ist eine Eigenschaft von Tumoren. Benigne (gutartige) Tumore wachsen begrenzt, dringen nicht in benachbarte Organe ein, können aber durch ihre Größe Probleme verursachen. Maligne (bösartige) Tumore (Krebs) schädigen den Organismus massiv.

nalbumin) für die Auffindung des Wächterlymphknotens. Diese Methoden sind aber noch nicht Standard in allen Krankenhäusern. Zurzeit kann diese an 30 Abteilungen in Österreich durchgeführt werden. Sollte bei Ihnen so eine Krankheit vorliegen, informieren Sie sich vorher, wo das gemacht wird, und gehen Sie dort hin. Sie haben die freie Krankenhauswahl! (Ist ein Transport notwendig, zahlt die Krankenkasse nur bis zum nächstgelegenen Haus) Es kann nicht jeder alles, wie oft behauptet wird.

Eine Möglichkeit zu einer feingeweblichen Untersuchung muss aber in jedem Krankenhaus, das Krebsoperationen macht, zur Verfügung stehen. Haben Sie sich vorher zu einem zweizeitigen Vorgehen entschlossen, so können Sie nach der ersten Operation noch immer das Krankenhaus wechseln, wenn das erste nicht genug ausgerüstet ist. Der hippokratische Eid verlangt, dass der Arzt/die Ärztin nur das macht, was er/sie kann! Die VorbehandlerInnen müssen Ihnen alle Befunde mitgeben, nicht nur einen zusammenfassenden Arztbrief!

Es ist für die weitere Lebensqualität wesentlich, ob nur ein Lymphknoten entfernt wird oder die ganze Lymphstation ausgeräumt wird. Werden alle Lymphknoten entfernt, so leiden die Lymphgefäße und der Lymphabfluss kann nicht mehr stattfinden, das heißt es kommt zu einem Lymphstau. Der Arm der entsprechenden Seite wird dicker und dicker, auch der Handrücken ist angeschwollen. (Elephantiasis). Sie können sich vorstellen, dass dieser Arm einen Teil seiner Funktionsfähigkeit einbüßt.

Weitere Lymphstationen sind oberhalb und unterhalb des Schlüsselbeins und im Bereich der inneren brustversorgenden Arterie. Diese können nicht operativ angegangen werden. Sie müssen nachher bestrahlt werden.

Achtzig Prozent der Krebsoperationen können brusterhaltend durchgeführt werden. Nicht möglich ist die Erhaltung, wenn der Krebs mehrere Herde hat, die vielleicht auch noch auf verschiedene Quadranten verteilt sind. Wenn vor der Operation schon feststeht, dass es sich um einen inflammatorischen[168] Krebs handelt, wenn die Patientin zusätzlich an einem M. Paget[169] leidet oder eine Krankheit hat, die zu den Kollagenosen[170] gehört, dann muss radikal operiert und ein Brustaufbau angeschlossen werden. Der Kapuzenmuskel[171] wird nach vorne verlegt, um körpereigenes Gewebe verwenden zu können. Dieses wird nicht abgestoßen. Beim Vorhandensein von Kollagenosen sollte nicht nachbestrahlt werden, daher ist in diesem Falle das radikale Vorgehen angezeigt.

Handelt es sich um einen Tumor, der nicht tastbar ist, so muss vor der Operation, wie vor der Biopsie, die Stelle im Röntgen mit Häkchen markiert werden. Der Ort, wo der Knoten gelegen ist, heißt Tumorbett. Es muss während der Operation mit metalldichten Klips markiert werden, am besten mit 6 in allen Dimensionen, so dass nachher die Stelle zur Be-

168 entzündlichen
169 Morbus Paget = Erkrankung des Skelettsystems
170 Kollagenosen sind Autoimmunerkrankungen die sich vorwiegend am Bindegewebe und Blutgefäßen abspielen. Im Prinzip kann jedes Organ befallen werden.
171 Trapezförmige Muskelgruppe im oberen Rücken bis zur Schulter

strahlung leicht aufgefunden werden kann. Auch bei der zur Tumornachsorge veranlassten Mammographie ist es hilfreich, wenn die Stelle markiert ist.

Der herausgeschnittene Tumor muss nach der Operation röntgenisiert werden, um herauszufinden (Präparatradiographie), ob die Schnittränder im gesunden Gewebe liegen. Der Abstand sollte mindestens 5 mm zum Tumorrand sein. Der Vergleich mit der Aufnahme vor der Operation ist dazu geeignet. Bei der histologischen Aufarbeitung wird ebenfalls der Abstand des Schnittrandes zum Tumorrand gemessen. Dies ist wichtig für die Prognose.

Es gibt einige Krebsarten, bei denen vor der Operation eine Chemotherapie[172] empfohlen wird, um den Tumor zu verkleinern und etwaige Absiedelungen über Blut- und Lymphweg während der Operation zu vermeiden. In den meisten Fällen handelt es sich um drei Chemo-Cyclen, die als Infusionen verabreicht werden.

Was nach der Operation noch gemacht wird, hängt von der histologischen Typisierung[173] ab, vom Tumorstadium, vom Lymphknotenbefall, von den Hormonrezeptoren, vom Resektionsrand[174], der Tumorgröße in mm, Vorhandensein von Mikrokalk, Vorhandensein von mehreren Herden und, ob der Tumor in Lymphgefäße oder Blutgefäße eingedrungen ist.

172 medikamentöse Behandlung von Krebserkrankungen. Sie kennt die Tumorzellen im Organismus

173 Klassifizierung, Einstufung

174 Randbereich um eine entfernte Gewebe-, Organ- und/oder Tumorzone

Es ist möglich eine Bestrahlung, eine Chemotherapie, eine Hormontherapie oder eine Kombination von einigen Methoden zu machen. Unter Tamoxifentherapie (oder davon abgeleitete Medikamente) ist es oft zu Blutungen aus der Gebärmutter gekommen. Das heißt nicht, dass diese weggeschnitten werden muss, weil es bei einer Krebspatientin ohnehin egal ist. Wozu die Therapie überhaupt, wenn nicht zur Verbesserung der Lebensqualität? Auch in diesem Falle kann lediglich die Gebärmutterschleimhaut verdünnt oder verödet werden.

Was immer Ihnen vorgeschlagen wird, fragen Sie, wie lange die Therapie vorgesehen ist. Ich habe Patientinnen erlebt, die nach einem Therapiecyclus glaubten, fertig zu sein und dann wieder damit konfrontiert wurden, dass noch eine Therapie und noch ein Cyclus angeschlossen wurden - bis zum Tod. Das bringt keine Lebensqualität mehr, möglicherweise zögert es das Leiden nur hinaus. Es gibt keine Studien, die den Unterschied mit und ohne Chemotherapie bezüglich Lebensverlängerung belegen. Ich hatte zwei Patientinnen, die eine Chemotherapie verweigert haben. Die eine ist mit 82 Jahren gestorben, da frage ich mich, wie alt wäre sie ohne Krankheit geworden. Sie hatte in geistiger Frische eine angemessene Lebensqualität bis zuletzt und wusste, was um sie herum vorging. Der Brustkrebs war 19 Jahre zuvor diagnostiziert worden.

Die andere Patientin hatte bei der Diagnose schon Metastasen und verweigerte die Chemotherapie. Sie hat noch einige Sachen erledigen können, die in ihrem Leben wichtig waren, unter anderem eine Reise, und war nur drei Wochen bettlägerig bis sie starb. Ich glaube, in dieser Situation ist Ehrlichkeit notwendig, zu der nicht alle TherapeutInnen und Patientinnen fähig sind. Einzig die Hospizbewegung hat die Situation richtig erkannt. Diese gibt es aber noch nicht lange und die Betten sind knapp. Es kann auch eine große Hilfe sein, aufs Sterben vorbereitet zu werden.

Vorbereitete Patientinnen haben weniger Probleme beim Hinübergehen. Ich habe in den 22 Jahren meiner Kassenpraxis genug Patientinnen begleitet, um das sagen zu können. Zuletzt sind ja doch nur die Hausärztin oder der Hausarzt zuständig. Spitalsärzte beantworten den Patientinnen alle Fragen, es fehlen aber die Querverbindungen. Das punktuelle Wissen lässt keine Einschätzung zu.

Viele Patientinnen würden mehr Lebensqualität einer Lebensverlängerung vorziehen. Diese Entscheidung muss jede Frau selber treffen dürfen.

Brustkrebs betrifft jede 12. Frau und jede dritte hat Kinder im Schulalter, die noch zu Hause leben. Das British Medical Journal veröffentlichte eine Statistik von Barnes über Frauen mit Kindern. Die meisten Frauen sprachen mit den Kindern, wenn eine Biopsie die Bösartigkeit der Krankheit bestätigte. Manche warteten allerdings bis nach dem chirurgischen Eingriff oder behielten die Katastrophe ganz für sich.

Zum Zeitpunkt der Operation wussten 44 der insgesamt 56 Kinder, dass die Mutter krank war, aber nur 32 kannten die

Diagnose Krebs. Am häufigsten begründeten die Mütter ihr Schweigen damit, dass sie Fragen der Kinder - insbesondere was den Tod betrifft - vermeiden wollten. Viele versuchten so auch, Angst und Stress von den Kindern fernzuhalten oder bezweifelten, dass die Kinder das Ganze verstehen könnten. Einige jedoch redeten ganz früh Klartext mit den Kindern, denn sie waren der Ansicht, die Kinder hätten ein Recht zu wissen, was mit der Mutter los ist.

Mit dem Problem der Angehörigeninformation sind die Hausärztin oder der Hausarzt betraut, aber nur dann, wenn sie/er von der Patientin einen Auftrag hat. Ansonsten gilt den Angehörigen gegenüber die Schweigepflicht. Hausärzte wissen, wer angehörig ist. Im Krankenhaus habe ich schon erlebt, dass jemand Auskunft bekam, der sich als Gatte ausgab. Die Identität wurde nicht überprüft. Einmal bekam auch der Chef des Arbeitsplatzes Informationen.

Wie die Studie weiter zeigte, hatten die wenigsten Frauen professionelle Angebote bei der Bewältigung ihrer Problematik.

Die Mutter eines 8-jährigen Kindes sagte: Ich rede nicht speziell von Kindern, sondern von allen Menschen. Man muss doch nur von Krebs erzählen und ist in ihren Augen schon tot.

Die Mutter eines 10-jährigen sah die Erleichterung im Gesicht ihres Kindes als sie sagte: Meine Krankheit ist heilbar, aber ich muss Medikamente nehmen und mein Haar wird ausfallen.

Manche Mütter äußerten im Rahmen der Befragung konkrete Ideen: Vielleicht war ich im Moment nicht in der Lage konkrete mündliche Ratschläge aufzunehmen. Doch es wäre schön gewesen, wenn man mir ein paar Bücher genannt hätte, die darüber informieren, wie man solche Nachrichten überbringt. Eine andere Mutter meinte, es wäre schön ein Forum einzurichten, in dem betroffene Kinder mit anderen über ihre Gefühle reden könnten. Vielleicht hilft es zu hören, meine Mutter hat das auch.

Dass man die schmerzliche Wahrheit Kindern nicht verschweigen darf, steht außer Frage. Kinder spüren, wenn etwas Bedrohliches in der Luft liegt und ihre phantasierten Erklärungen einschließlich eigener Schuldgefühle sind eventuell schädlicher als die bittere Wahrheit. Außerdem kann es für ein Kind zutiefst verletzend sein, von so einem wichtigen, einschneidenden familiären Ereignis ausgeschlossen zu werden. Ihr Vertrauen in die Eltern wird stark und nachhaltig erschüttert.

Ich habe auch beobachtet, dass zwischen Partnern über den Krebs nicht geredet wird. Krankheiten und Tod sind in unserer Gesellschaft immer noch tabu.

Eierstockmalignome[175]

Ein Tumor ist eine Vergrößerung eines Organs. Beim Mumps ist die Ohrspeicheldrüse vergrößert und daher das Gesicht geschwollen. Da dieser Tumor entzündlich ist, geht er wieder weg, wenn die Entzündung behandelt worden ist. Tumore sind also noch nicht bösartig. Wenn Vergrößerungen bösartig (maligen) sind, heißen sie Malignome.

Im Bereich des Eierstockes sind diese schwierig zu diagnostizieren. In diesem Organ reifen die Graaf´schen Follikel heran, aus denen das Ei springt, wenn der Follikel platzt. Kommt es einmal aus irgendeinem Grund zu keiner Ovulation (Eisprung), so bleiben Zysten bestehen. Früher konnten diese Zysten nur durch Abtastung geortet werden. Heute werden sie mittels Ultraschall (Schallkopf durch die Scheide = transvaginal) aufgespürt und vermessen.

Eine Frau muss wissen, dass Gynäkologen sich geeinigt haben, diese Zysten bis 3 cm Durchmesser bloß weiter zu beobachten, größere Zysten aber zu biopsieren.

Die Zyste vergrößert auch das Ovar, ist aber nicht bösartig. Frauen, die sich solche Zysten entfernen lassen, bekommen oft in ein paar Monaten wieder Zysten auf derselben oder anderen Seite. Es gibt im Blut einen Tumormarker für den Eierstock, aber dieser ist nicht zu 100 % aussagekräftig. Die Zystenbildungen sind hormonell begründet.

175 bösartige Tumorformen des Eierstockes

Das Ovarialmalignom ist wirklich schwer zu diagnostizieren, deshalb sollte nicht gleich bei jeder Zyste Hysterie ausbrechen, weder beim Gynäkologen noch bei der Frau. Aber sehr oft wird mit der Angst gerechnet.

Ich selbst hatte ebenfalls eine Zyste, sie war im Ultraschall gut zu sehen. Das war in einer Zeit, in der ich vor lauter Stress keine Ovulation hatte. Zwecks Familienplanung habe ich nämlich meine Basaltemperatur gemessen, daher wusste ich das. Ich habe die Biopsie verweigert. Später ist die Zyste von selbst weggegangen. Ich war ja „Klassepatientin", ich musste besonders bremsen bei gynäkologischen Eingriffen!

Trotzdem gibt es Patientinnen mit Malignomen am Eierstock. Sie werden in 4 Stadien eingeteilt, die nach FIGO benannt sind (Fédération Internationale de Gynécologie et d`Obstetrique).

Im Frühstadium wird der Tumor entfernt und eine exakte Stadiumseinteilung (stageing) durchgeführt (FIGO I-II)

In den Stadien III-IV ist die Krankheit nicht mehr auf das Organ beschränkt, sondern schon systemisch. Die Operation schafft nur noch die Voraussetzung für eine nachfolgende Chemotherapie. Dazu ist die feingewebliche Untersuchung (Histologie) notwendig. Weiters wird bei der Operation geschaut, welche Lymphknoten, ob Nachbarorgane oder das Bauchfell befallen sind.

Die Chemotherapien werden mit platinhältigen Cytostatika[176] oder Taxanen oder einer Kombination durchgeführt.

176 Zellwachstums- bzw. Zellteilungshemmer

Da es über 300 Typen von Ovarialmalignomen gibt, muss die Auswahl individuell getroffen werden.

Das Bauchfell wird mit einer Spülflüssigkeit übergossen, die dann wiedergewonnen und abzentrifugiert wird. Die festen Bestandteile werden im Mikroskop untersucht. Das Ergebnis: eine negative oder positive Peritonealzytologie. Diese ist wichtig zur Erstellung der Prognose, ebenso, ob Aszites (Bauchwasser) vorhanden ist oder nicht.

Das Ergebnis der Chemotherapie wird mittels bildgebender Verfahren und Tumormarker (aus dem Blut) festgestellt.

Patientinnen, die gleich auf die platinhältigen Cytostatika ansprechen nennt man platinsensibel, solche, die nach 6 Monaten ein Rezidiv[177] entwickeln, platinresistent. Solche Patientinnen, bei denen der Befund gleich bleibt oder das Malignom fortschreitet, heißen platinrefraktär[178].

Die platinrefraktären Patientinnen können noch mit anderen Zytostatika behandelt werden, wobei zwischen 15 bis 25 % der Patientinnen auf diese anderen ansprechen.

Auch in Bezug auf den Eierstockkrebs zeigt das BRCA 1 und BRCA 2 eine Disposition auf molekulargenetischer Ebene an. Es gab zwei Studien, in denen einerseits die Patientinnen wie bisher behandelt wurden, andererseits einer Gruppe vorbeugend die Eierstöcke und Eileiter herausgeschnitten wurden. Die Eierstöcke entstehen aus den Müllerschen Gängen der Embryonalzeit. Ein Teil der Zellen der Müllerschen Gänge findet sich später im Bauchfell wieder.

177 einen „Rückfall" bzw. eine „Wiederkehr" des Krankheitsbildes Krebs
178 nicht durch Platin zu beeinflussen

In 1% der Fälle bei der Gruppe Frauen, denen vorbeugend die Adnexe (Eierstock und Eileiter) heraus geschnitten wurden, entwickelte sich ein Bauchfellkrebs. Ohne Eileiter und Eierstöcke zu leben ist eine Einbuße an Lebensqualität, je früher im Leben um so mehr Einbuße. Frau muss selber wissen, was sie will. Wenn sie sich freiwillig in eine Studie aufnehmen lässt, muss sie wissen, dass das Ergebnis nicht ihr, sondern möglicherweise anderen Frauen oder den Fachärzten dient.

Gebärmutterkrebs

Dies ist ein hormonabhängiges Malignom, das oft bei Östrogendominanz auftritt. Bei 25 % solcher Patientinnen finden sich endokrine[179] Störungen in ihrer Krankengeschichte. Übergewicht, Zuckerkrankheit und Bluthochdruck sind zusätzliche Risikofaktoren. Patientinnen, die wegen eines Brustkrebses Tamoxifen über längerer Zeit bekommen haben, sind auch prädestiniert so ein Malignom zu entwickeln.

Das häufigste Frühsymptom ist eine Blutung nach der Menopause. Das Erkrankungsmaximum liegt nämlich zwischen dem 60. und 70. Lebensjahr. Bei der Untersuchung mittels Ultraschall durch die Scheide gibt es Verdachtsmomente, wenn die Innenschleimhaut der Gebärmutter mehr als 4 mm dick ist. Der Zellabstrich ist ebenfalls krankhaft. Zur Diagnose braucht man eine Hysteroskopie. Bei Krebs ist die Schleimhaut brüchig und trocken, oft von Blutungen durchsetzt. In der diffusen Form kann die Schleimhaut oberflächlich Ulce-

179 endokrin = in das Blut absondernd (Drüsen)

ra[180] haben, abgestorbene Zellareale oder Polypen. Die gesunde Schleimhaut ist feucht und homogen. Man nimmt dann strichförmige Proben von verschiedenen Stellen unter Sicht heraus und schickt sie zur feingeweblichen Untersuchung.

Das Endometriumcarcinom[181] wächst zunächst in die Gebärmutterhöhle vor und erst später infiltriert[182] es die Muskulatur der Gebärmutter. Die oberflächlich abgestorbenen Zellen sind es, die sehr früh zum klinischen Symptom der postmenopausalen (nach dem Wechsel) Blutung führen. Bis hierher ist der Krebs noch auf das Organ begrenzt und mit der operativen Entfernung des Organs geheilt. Meist werden in so einem Fall auch die Eierstöcke mit herausgenommen, weil dort oft Metastasen entstehen. In diesem Alter sind sie nicht mehr hormonaktiv.

Für diese Operation wurde eine nervenschonende Operationstechnik entwickelt. Mit ihr kann die Lebensqualität erhalten bleiben. Sie wird in Österreich nur an einer Abteilung praktiziert. Es ist zu hoffen, dass sich mehr OperateurInnen darin ausbilden lassen.

Die Gebärmutter ist in der Embryonalzeit aus den Müller´schen Gängen entstanden. Wenn man/frau nur das Gewebe wegoperiert, das aus den Müller´schen Gängen entstanden ist (Kompartment), so ist die Operation nicht so radikal und das Ergebnis bezüglich der Überlebensrate genauso

180 Gewebsschwund
181 Gebärmutterschleimhautkrebs
182 dringt in lebendes Gewebe ein

gut, aber die Lebensqualität besser. Diese Überzeugung hat sich in Österreich noch nicht durchgesetzt.

Sollten am äußeren Muttermund krebsige Zellen auftreten, so genügt eine sogenannte Konisation. Dabei wird ein kegelförmiges Gewebestück weg geschnitten. Die kreisförmige Grundfläche zeigt zur Scheide und die Spitze des Kegels in den Gebärmutterhals. Der Krebs war nur örtlich, das nennt man Carcinoma in situ. Nach einer Konisation können Frauen noch Kinder bekommen.

Beim Gebärmutterhalskrebs forscht man auch schon eifrig nach einem Wächterlymphknoten. Es gibt schon erste, vielversprechende Daten. Da würde frau sich Lymphödeme in den Beinen sparen, wenn man auf die Entfernung der ganzen Gruppe von Lymphknoten verzichten könnte. Der Gebärmutterhalskrebs wird angeblich durch das Human Papilloma Virus (HPV) ausgelöst. Einen wissenschaftlichen Beweis dafür gibt es nicht.

Es ist aber eine Möglichkeit, mit einer Impfung Geld zu machen. Kein anderer Krebs wird durch ein Virus verursacht. Ein Deutscher Professor hat für die Entdeckung des HP-Virus den Nobelpreis bekommen. Am 11. Dez 2008 meldete die Neue Zürcher Zeitung, dass die schwedische Staatsanwaltschaft gegen das Nobelpreiskomitee wegen Korruption und Bestechung ermittelt.

In Amerika, wo der Impfstoff schon ein Jahr länger zugelassen ist als in Europa, hatten wir bis Dezember 2007 schon 11

Impftote, in Deutschland und Österreich je eine. Statistisch richtig ist, dass eine tote Frau keinen Krebs mehr bekommt. Das ist wissenschaftlich! Die Impfsicherheit wird mit fast 100% angegeben.

Bei einer jungen Frau, die einige Wochen nach der HPV Impfung starb, wurde die Obduktion erst eine Woche nach dem Tod durchgeführt. Zu diesem Zeitpunkt war das Gewebe schon so weit zersetzt, dass man keinen Zusammenhang mehr zur Impfung beweisen konnte. Die Impfempfehlung wird daher aufrecht erhalten.

Histologisch unterscheidet man zwischen hochdifferenzierten und mäßig differenzierten Krebszellen, wobei die letzteren die weniger günstige Prognose haben. Es gibt aber auch noch Plattenepithelcarcinome[183], adenosquamöse[184] und undifferenzierte ...

Die regionären Lymphknoten werden sehr spät infiltriert. Bei der Operation müssen die Lymphknoten sehr genau in Augenschein genommen werden und es muss eine Peritoneallavage (Bauchfellspülung) gemacht werden, daher wird die Entfernung des Organs über einen Bauchschnitt gemacht. Metastasen können in den Ovarien (4 %), den Eileitern und im Bauchfell auftreten. Fernmetastasen sind selten.

Wichtig für die Prognose ist auch, ob Progesteronrezeptoren[185] oder Östrogenrezeptoren vorhanden sind.

---

183 die flachen Zellen der obersten Schichte der Schleimhaut sind krebsig entartet
184 Misch-Karzinom von drüsigen und schuppigen Zellen
185 Gelbkörperhormon-„Dockstellen"

Für die ca. 20 % der Patientinnen mit Metastasen stehen 2 Hormone (Gestagen und Antiöstrogen) und Zytostatika zur Verfügung. Genauso wie beim Eierstockkrebs gibt es hier FIGO Stadien. Lokalrezidive treten häufig am Ende der Scheide auf. Dort wird durch das Einlegen einer Sonde nach der Operation 3 Mal im Abstand von einer Woche bestrahlt. In einem höheren FIGO Stadium wird eine externe Beckenbestrahlung empfohlen. Bei inoperablen Fällen wird gleich bestrahlt.

Vulvacarcinom[186]

Die Vulva liegt also zwischen Venusberg und After. Ich werde hier den lateinischen Begriff Vulva weiter verwenden. Das Vorkommen ist im 7 und 8. Lebensjahrzehnt am größten. Die Vorstufen sind meist sichtbar, sie jucken und zeigen oft Kratzspuren. Die Diagnose wird durch eine Stanzbiopsie von 4 mm gesichert. Um die optimale Stelle für die Biopsie zu finden, lässt man eine 1 %ige Toluidinblaulösung[187] 1 bis 2 Minuten einwirken und wäscht sie mit einer 2 %igen Essigsäurelösung ab. So kann man das krebsig veränderte Areal gut sehen und dort die Biopsie machen.

Weiters müssen die Lymphknoten beider Leistenregionen sonographisch[188] abgeklärt werden. Auch hier werden die Stadien nach FIGO eingeteilt. Diese Einteilung ist wichtig für die Prognose.

186 Krebs der weiblichen Scham
187 blauer Farbstoff zur Gewebsdiagnose
188 per Ultraschall

Stadium I und II können organerhaltend operiert werden und bei den höheren Stadien wird radikal operiert. Das Ausmaß richtet sich danach, wie viele Nachbarorgane befallen sind. Ebenso werden dann Lymphknoten aus beiden Leisten entfernt. Die Leistengegend wird dann nachbestrahlt. Inzwischen forscht man auch hier nach einem Wächterlymphknoten in der Oberschenkel- Leistenregion der szintigraphisch[189] markiert wird. Dies sollte bald Standard werden.

Der Scheidenkrebs

Er ist sehr selten. Auch hier wird durch Biopsie die Diagnose gesichert. Die Frühsymptome sind blutiger Fluor und unregelmäßige Blutungen. Im fortgeschrittenen Stadium ist die Scheide in ein starres unregelmäßiges Rohr umgeformt.

In Frühfällen kann die Scheidenschleimhaut herausgeschnitten werden oder mit Laser destruiert[190].

Spätstadien können operiert oder bestrahlt werden. In beiden Fällen werden Nachbarorgane wie Blase und Darm in Mitleidenschaft gezogen. Die Möglichkeit des Geschlechtsverkehrs gibt es in beiden Fällen nicht mehr.

In der Fachzeitschrift Gyn Aktiv macht ein Professor eine bemerkenswerte Feststellung: Generell ist festzustellen, dass sich Therapieentscheidungen bei Krebspatientinnen in erster Linie nach dem biologischen Alter der Patientin und nicht nach dem Geburtsdatum zu richten haben. Wenn also ein ku-

189 durch eine schwach radioaktive Substanz
190 zerstört

rativer (heilender) Ansatz gegeben ist, unterscheidet sich das therapeutische Vorgehen bei der älteren nicht von jenem bei der jüngeren Patientin. Therapieentscheidungen haben sich nach dem biologischen Alter zu richten!

Sein Wort in Gottes Ohr! Kommt der Professor in die Jahre, dass er zu dieser Einsicht kommt? Ich erinnere mich an ihn, als er Medizinstudent war. Wir waren zu gleicher Zeit in Wien. Er erinnert sich nicht an mich, aber wir sind aus derselben Generation. Es gibt jedenfalls Hoffnung für Patientinnen und OperateurInnen.

Trotz der schulmedizinischen Aufklärung verzichten manche Patientinnen auf eine Chemotherapie. Sie haben das Recht dazu! Ich habe einige solcher Patientinnen begleitet und war für sie da, wenn sie sonst etwas brauchten, etwa Schmerzmittel.

Sterben

Patientinnen, die aufgeklärt sind und sich darauf vorbereiten können, gehen leichter hinüber als solche, die noch Hoffnung haben, dass sie weiterleben. Letztere kämpfen einen tagelangen Todeskampf. Manche warten noch auf den Besuch eines nahen Angehörigen und schlafen dann friedlich hinüber. Von Patientinnen, die klinisch tot waren und dann gerettet wurden, wissen wir, dass sie ein Licht am Ende eines finsteren Tunnels sehen. Die Physik erklärt das mit dem search light[191] Phänomen. Dort warten nahe Angehörige, die schon gestorben sind. Wenn die Zeit aber noch nicht aus ist, dürfen sie den letzten Schritt nicht tun. Manchmal werden sie aufgefordert zurückzugehen. Andere sehen in diesem Zustand ihren Körper unter sich liegen und die Helfer, die sich um ihn bemühen. Es ist nicht bekannt, warum einige dieses Wissen mit herüber nehmen dürfen und andere nicht. Dr. med. Raymond Moody, ein amerikanischer Todesforscher, meint, es hänge davon ab, ob die Patientinnen unter Medikamenten stehen oder nicht.

Bei aussichtslosen Fällen ist es besser, den Tatsachen ins Auge zu sehen und zu regeln, was im Diesseits noch zu regeln ist, anstatt sich etwas vor zu machen. Auch die Angehörigen, die loslassen müssen, brauchen Hilfe. Die Hospizbewegung stellt ehrenamtliche Helfer zur Verfügung, wenn die Situation zu schwierig wird, sowohl für die Patientin als auch für die

191 „Scheinwerferphänomen“

Angehörigen. Sie kommen nach Hause, begleiten aber auch im Krankenhaus.

Diese Mitarbeiterinnen haben eine eigene Ausbildung. In unserer „happy" Gesellschaft haben wir nicht gelernt, mit Tod und Trauer umzugehen, deshalb sind wir so hilflos. Der Tod gehört aber wie die Geburt zum Leben. Bei der Geburt kommen wir in dieses Leben und beim Tod gehen wir in ein anderes und lassen den alten Körper zurück. Er stirbt ab. Die Religionsgemeinschaften erfüllen diese Begleitung und Unterstützung meist nicht mehr.

Über das Sterben gibt es keine Lehrmeinung. Ich kann daher zu diesem Thema meine persönliche Meinung äußern, ohne dass von Wissenschaftlern widersprochen werden kann.

In den 22 Jahren meiner hausärztlichen Tätigkeit als Kassenärztin, bin ich Menschen begegnet, die schon einmal klinisch tot waren. Ich vertraue ihren Erzählungen, wie sie mir vertraut haben. Die meisten meiner Patienten und Patientinnen hatten keine wissenschaftliche Ausbildung, aber das Herz am rechten Fleck. Beim Sterben gibt es zwischen Mann und Frau keinen Unterschied mehr.

Missbrauch

Es gibt europäische Ärzte, die sich des Missbrauchs schuldig machen. Es gibt Kulturen, in denen es üblich ist, dass Väter ihre jungfräulichen Töchter verkuppeln. Wenn die Ehe nicht gut geht, bringen sie ihre Töchter nach Europa, wo ein gewissenloser Arzt das Jungfernhäutchen wieder zusammennäht, so dass der Vater sie nochmals als Jungfrau „verkaufen" kann.

Manchmal bringen Familien ihre Mädchen zum Frauenarzt, damit er begutachte, ob sie noch Jungfrau ist. Das ist keine ärztliche Tätigkeit (und keine Kassenleistung)! Hat die Familie das Recht, alles über das Leben ihrer Tochter zu wissen, um sie zu benutzen? Wo bleiben die menschliche Würde und die Schweigepflicht? Wer den Auftrag gibt und zahlt, hat das Recht alles zu erfahren? Das ist Missbrauch!

Nicht nur unnötige Schnitte von Ärzten, Untersuchungen ohne Handschuhe oder zusammengenähte Jungfernhäutchen gehören zum Missbrauch.

Jeder Blick, jede Berührung, die unangenehm empfunden werden, jedes Überschreiten der Grenzen einer Patientin sind Missbrauch. Kinder können so für ihr ganzes Leben geschädigt werden.

Missbrauch ist noch immer ein tabuisiertes Thema in unserer Gesellschaft. Es ist wichtig, dass jeder einzelne Mensch sich für unsere Schwächsten einsetzt.

Was Eltern ihren Kindern mitgeben können, ist das Vertrauen, das Wissen ums Neinsagen und die nötigen Vokabeln, die es ohne Scheu verwenden kann. Das Kind hat das Recht zu bestimmen, von wem und wo es angefasst werden möchte. Wenn es sich nicht wohl fühlt in einer Situation, muss es das sagen können. Kinder müssen wissen, dass es gute und schlechte Geheimnisse gibt.

Leider sind nicht alle Eltern Ansprechpartner für ihre Kinder. Gott sei Dank gibt es Lehrerinnen, an die Kinder sich wenden können, wenn die Mutter versagt. Die sexuelle Ausbeutung beginnt nicht mit der Vergewaltigung, sondern mit besonderer Zuwendung von Seiten des Täters. Der Missbrauch beginnt meist als Spiel. Die Täter kommen oft aus dem Nahbereich des Kindes und für die Mutter ist die Situation schwer zu durchschauen. Es kann sein, dass sie selbst unter dem Einfluss eines gewalttätigen Mannes steht.

539 Studierende der Psychologie
wurden zur eigenen Betroffenheit gefragt:

5,6 % erlebten irgendeine Form des Geschlechtsverkehrs
9,6 % wurden aufgefordert, die Genitalien von Erwachsenen zu berühren
6,8 % wurde Pornographie gezeigt
10,9 % mussten sich ausziehen
21,6 % erlebten Exhibitionismus
23,2 % wurden befühlt, gepackt und so geküsst, dass sie sich sexuell bedroht fühlten

24,3 % wurden voyeuristisch angesehen
32,1 % wurden an den Brüsten oder Genitalien berührt
15,5 % gaben an, nur knapp einer sexuellen Ausbeutung entgangen zu sein
24,9 % hatten die Gefahr eines sexuellen Angriffs gespürt

Warnsignale bei Ihrem Kind:

- Das Kind ist stark in sich gekehrt
- Das Kind ist besonders ängstlich, verwirrt, wuterfüllt und gegen sich selbst aggressiv
- Es lügt, droht
- Die Bezugspersonen sind nur Geschwister, Verwandte und Schulfreundinnen
- Auftreten von eigenartigen Bauchschmerzen, Infektionen
- Hat Krankheiten, die psychosomatisch bedingt sind
- Verweigert das Essen, hat auffällige Essensgewohnheiten
- Es begrapscht andere Kinder
- Es glaubt, dass Zuneigung mit sexuellem Kontakt gleichzusetzen ist
- Ist aggressiv gegen Tiere
- Leidet an Schlafstörungen, Bettnässen, Berührungsangst, Exhibitionismus

Manchen Frauen wir erst im Erwachsenenalter im Rahmen einer Therapie, die sie wegen eines anderen Problems anfangen, der sexuelle Missbrauch aus der Kindheit bewusst. Das

Kind hat oft keine andere Möglichkeit als zu verdrängen. Wird das Problem aufgearbeitet, so ergibt sich dann möglicherweise, dass auch Geschwister darunter gelitten haben. Erst anlässlich der Therapie wurde darüber gesprochen.

Es bleibt nur zu hoffen, dass die Sprachlosigkeit in unserer aufgeschlossenen Gesellschaft verschwindet. Ohne offene Worte kann niemandem geholfen werden. Das gilt nicht nur für die Töchter, sondern auch für Söhne.

Gewalt gegen Frauen

Jede 5. Frau in einer Beziehung mit einem Mann wird zum Opfer körperlicher Gewalt. Jede 2. Frau kennt in ihrem Umfeld eine Frau, die Gewalt ausgesetzt ist. Diese Gewalt wird nicht öffentlich gemacht, sie bewegt sich in Dunkelziffern. Gewalt ist schichtübergreifend, auch finanzielle, soziale und psychische Druckmittel gehören dazu. Die Polizei ist nicht immer eine Vertrauen erweckende Anlaufstelle, wenn es um körperliche Gewalt geht.

Mit dem Bundesgesetz zum Schutz vor Gewalt in der Familie (GeSchG, BGBl 1996/759) wurde die Möglichkeit der einstweiligen Verfügung geschaffen, bei der ein gewalttätiger Ehemann oder Vater weggewiesen wird. Nach der einstweiligen Verfügung durch Exekutivbeamte kann das Gericht den Kontakt zu den Angehörigen verbieten. Das geschieht dann, wenn körperliche Angriffe oder ein die psychische Gesundheit beeinträchtigendes Verhalten erwartet werden können, die das weitere Zusammenleben unzumutbar machen.

- Der gewalttätige Partner hat die Wohnung und deren unmittelbare Umgebung zu verlassen.
- Die Rückkehr in die Wohnung und deren unmittelbare Umgebung wird verboten, wenn die Wohnung der Befriedigung des dringenden Wohnbedürfnisses der Antragstellerin dient.

Die psychische Beeinträchtigung ist sowohl durch Psychoterror als auch durch unzüchtige Handlungen vor Kindern oder an Kindern gegeben,

Trotz dieser möglichen Wegweisung und des Rückkehrverbotes gibt es viele Frauen, deren einziger Ausweg das Frauenhaus ist. Sie flüchten ins Frauenhaus obwohl sie wissen, dass dies einem sozialen Abstieg gleichkommt (Ghettosituation). Frauen erwarten sich im Frauenhaus Gemeinsamkeit, Verstehen, das notwendige Mitgefühl und die Gewissheit, mit dem Problem nicht allein zu sein. Der Grund dafür, dass der Flucht ins Frauenhaus der Vorzug gegeben wird, mag darin liegen, dass es bei Polizei und Justiz noch immer zu wenig Frauen gibt, obwohl die Polizei früher mehr Beamtinnen hatte als die Ärzteschaft Gynäkologinnen.

Bei sexueller Gewalt, egal, ob häuslich oder öffentlich, muss immer noch das Opfer den Beweis antreten. Das Opfer muss sich ungewaschen und zerrissen auf einer gynäkologischen Abteilung vorstellen und die Spermien sicherstellen lassen. Die Frau kann darauf bestehen, dass eine andere Frau bei dieser Spermiensicherung zugegen ist, wenn der diensthabende Gynäkologe ein Mann ist. Wie mir erzählt wurde, ist diese Zeugin oft die amtshandelnde Polizistin, die der Frau emotional beisteht. Aber auch gynäkologische Abteilungen haben da nicht immer Bescheid gewusst und solche Frauen weggeschickt. Tatsache ist, dass man die Spuren sichern und bis zu ein Jahr später auswerten kann. Ein Gerichtsmediziner hat eigene „kits“ dazu entwickelt, die auf allen Abteilungen für den Notfall vorhanden sein sollen, in denen die Proben luftgetrocknet über ein Jahr lang aufbewahrt werden können. Werden die Proben in einer Nährlösung aufbewahrt, so vermehren sich auch die Bakterien, welche die Spermien „auffressen“. Die Spuren werden nicht nur vom Körper, sondern auch von der Kleidung des Opfers aufbewahrt. Über DNA Analyse können das Blut und Körperzellen dem Täter zugeordnet werden. Die Gerichtsmedizin nimmt die Analyse der Proben nur aufgrund eines Auftrages des Staatsanwaltes vor. Es muss daher vorher eine Anzeige erstattet worden sein.

Was die Frau in die Lage versetzt, ihre Ansprüche auch bei Gericht durchzusetzen, hängt von ihrer finanziellen Unabhängigkeit (Berufstätigkeit) ab, somit von der Möglichkeit, eine Einrichtung zur Betreuung der Kinder zu haben. Die Unterstützung durch Ursprungsfamilie und Freundinnen ist notwendig.

Wie weit diese Themen ernst genommen werden, hängt von der jeweiligen Einstellung der regierenden Parteien Frauen gegenüber ab.

Einer Herabwürdigung sind Frauen bei der künstlichen Züchtung des Menschen ausgesetzt. Sie werden nur noch als Rohstofflieferantinnen gehandelt. Die Kinder züchten die Männer im Glas. Frau Professorin Doktorin Barbara Duden sagte in einem Gespräch mit 3 sat : „... eine neuerliche Vergesellschaftung des weiblichen Körpers steht bevor. Das hat es in der Geschichte schon einmal gegeben - allerdings mit einem kleinen Unterschied. Früher war es noch die ganze Frau, die in den Dienst der Menschheitserhaltung gestellt wurde. Künftig sind es nur noch ihre Eier, die gebraucht werden." - Dem ist nichts hinzuzufügen!

Vor einer weiteren Demütigung möchte ich noch warnen! Wenn eine Frau nach einer Vergewaltigung schwanger wird, so bleibt das Gewalt! Sie hat das nicht gewollt! Ein Orgasmus ist zur Konzeption nicht notwendig. Aus klerikalen Kreisen verlautete das Gegenteil. Früher behauptete ein Bischof, ein Orgasmus sei nur möglich, wenn die Frau damit einverstanden sei und nur mit einem Orgasmus könne sie schwanger werden. Damals hat die gesamte Ärzteschaft protestiert, aber es ist nicht auszuschließen, dass noch irgendwo solche Gerüchte kursieren. Möge der Klerus vor der eigenen Tür kehren, er kümmert sich ja auch sonst nicht so sehr um die Frauen! In der Kirche gibt es hauptsächlich Heilige und Huren. Aber auch die Sexarbeiterinnen sind Menschen. Seien wir froh, dass wir sie haben. Sie kanalisieren Dinge von uns ab, mit denen nicht jede von uns fertig würde! Diese Frauen bezahlen mit ihrer Gesundheit oder ihrem Leben für das Geld, das sie bekommen.

Eine hat mir die Gefährlichkeit ihres Berufes unter vier Augen angedeutet. Wochen später lag sie tot neben dem Hochhaus, in dem sie gewohnt hat. Das Fenster ihrer Wohnung war weit offen. In ihrer Wohnung fand die Polizei niemanden. Die Wohnung war verschlossen.

Jesus sagte, der werfe den ersten Stein, der frei von Sünde ist. Und was macht die Kirche? Sie teilt uns in zwei Lager. Es gibt Jungfrauen und solche, die schon Sex hatten. Damit qualifizieren sie jede Ehefrau ab. Das kann doch wohl nicht wahr sein! Auch wenn sie es nicht aus Pflichtgefühl tut, sondern, weil sie ihren Mann liebt, ist das keine Sünde. Früher musste eine Frau nach dem Wochenbett in der Kirche vom Pfarrer wieder eingesegnet werden, weil sie unrein geworden war. Sie sehen, welche Wurzeln diesem Stellenwert, den Frauen in konservativen Kreisen haben, zugrunde liegen.

Quellenverzeichnis

Ärztewoche vom 22. März 2000, Seite 28: 300 Frauen grundlos die Brust amputiert

Ärztewoche vom 3.Mai 2000:Mythen und Mären der erektilen Dysfunktion, S.22

Ärztewoche vom 26.09.2001, Alle Geburten genau erfasst : Tiroler Qualitätsprogramm zeigt erste Ergebnisse.

Arbeitstagung der Standardkommission für Schwangerschafts- Ultraschall vom 11.Juni 1997 in Bern

Arendt, Hans-Jürgen; Hering, Sabine; Wagner, Leonie: Eine Partei gegen die Gleichberechtigung der Frau, Aus: Nationalsozialistische Frauenpolitik vor 1933, Dokumentation, dipa-Verlag, 1995.

Barnes J. Tavistock and Portman NHS Trust, London et alii

Bolognese-Leuchtenmüller, Birgit und Horn, Sonja: Töchter des Hippokrates, 100 Jahre akademische Ärztinnen, Wien 2000

Brezinka, Christoph, Dr. Univ. Prof. Universitätsfrauenklinik Innsbruck, 3.Linzer Symposion für Pränatalmedizin, in seinem Referat “Arzthaftung und Ultraschall“

Brown JS et alii. Hysterectomy and urinary incontinence: a systematic review. Lancet 2000 356: 535-9

Bydlinski, Franz, Dr. Univ. Prof., Rechtswissenschaftler, Wien

Canacakis Jorgos, 1987, Ich sehe deine Tränen, Kreuzverlag

Cochrane Library, Cochrane Pregnancy and Childbirth Group, Internet (password)

Danzl, Karl Heinz, Dr., Richter in Innsbruck. Die psychische Gesundheit als geschütztes Rechtsgut des §1325 ABGB ZVR 1990,1

Danzl, Karl Heinz, Dr., Richter in Innsbruck. Das Schmerzensgeld. 1998

Duden, Barbara, Prof.[in], Dr.[in], Institut für Soziologie an der Univ. Hannover, in einem Gespräch mit 3sat/Kulturzeit am 1.8.2001

Esser-Mittag, Judith, Dr.[in], Prof.[in] Düsseldorf, Sexualhygiene und –erziehung, in Kinder und Jugendgynäkologie, Schattauer 1996

Evans Jonathan Dr., British Medical Journal, 323, 2001, 257-260; www.bmj.com

Fanconi, Guido Dr, Univ. Prof., Zürich, (1892-1979), Lehrbuch der Pädiatrie 1967, Schwabe und Co Verlag, Basel/Stuttgart

Fenyves, Attila/ Hirsch, Christine: Zur Deckung der Ansprüche aus „wrongful life" und „wrongful birth" in der Arzthaftpflichtversicherung RdM 2000

Frauengesundheitszentrum Graz Zeitschrift 3/98

Ganovic, Ratomir, MD., PhD., Assistenzprofessor; Bogunovic Nikola, Vasiljevic Mladenko, Stamenkovic Dragomir, Devic Radisa: The possibility for determining the fertile and unfertile days in the menstrual cycle of women by using crystalization test of saliva, am 11.Jugoslawischen Symposion über Fruchtbarkeit und Sterilität im September 1994, Belgrad.

Ganovic, Ratomir, MD., PhD., Assistenzprofessor: The utilisation of mini ovulationsmicroscope „MOM" in determining the most favourable time for conception in infertile marriages, 1995, Belgrad

Giese, Karin: Umgangsweise von Frauen mit dem Angebot der Pränataldiagnostik. Aus: Körperpolitik mit dem Frauenleib, 1998, Schriftenreihe der IAG Frauenforschung

Gossink. Robert, Dr. Leiter der Deutschen Philips Forschungslaboratorien, Elektronisches Abtasten der Brust, Pressekonferenz 2002

Grant A., Repair of episiotomies and perineal tears. British Journal of Obstetrics and Gynaecol 1986, 93: 417-9

Grant, A., Repair of perineal trauma after childbirth. In Chalmers I, Enkin MW, Keirse MJNC, editor(s). Effective Care in Pregnancy and Childbirth.Oxford: Oxford University Press,1989: 1173-5.

Greer, Germaine: The whole woman, New York, 1999

Hauffa, Berthold P., Dr., Prof., Essen, Normale und gestörte Pubertät.In Kinder- und Jugendgynäkologie, Schattauer, 1996

Jatros, Medizin für die Frau 2/2001: Geburtenregister Tirol

Jatros. Medizin für die Frau 2/2001: Ist das Ende der herkömmlichen Geburtshilfe erreicht ?

Jonas, Monika: Behinderte Mütter- behinderte Mutter? Die Unzumutbarkeit einer arrangierten Abhängigkeit. Frankfurt/M. 1994

Karner, Ernst: Der Ersatz ideeller Schäden bei Körperverletzung, 1999 94 ff; OGH in ZVR 1995/46 und ZVR 1997/75 und Ob 91/99 k (FN1)

Khashan AS et al.: Higher Risk of Offspring Schizophrenia Following Antenatal Maternal Exposure to Severe Adverse Life Events. Archives of General Psychiatry 2008;65(2):146.152.

Keckstein, Jörg Dr. Univ. Prof., Endometriose 1998, Diametric Verlag.

Keely; The Health Centre, Thame, British Medical Journal, Vol. 321, No 7259 (2000) S 462-463 und S 479-482

Kessler, RC, J Clin. Psychiatry 2000, 61 Suppl. 5:4-12: posttraumatic stress disorder

Kettle C.Johanson RB. Absorbable synthetic versus catgut suture material for perineal repair (Cochrane Review) In : The Cochrane Library, Issue 3, 2000 Oxford: Update Software

Koziol, Helmut Dr. Univ. Professor, Wien Haftpflichtrecht Rz11/17

Kölbl, Heinz Dr. Prof. auf der 7.Jahrestagung der Medizinischen Gesellschaft für Inkontinenzhilfe Österreichs am 29.11.1997 in Klagenfurt in seinem Referat: Abklärung der Harninkontinenz, vom Symptom zur Diagnose bei der Frau

Krepler, Reinhard Dr, Univ. Prof. Direktor des AKH Wien

Kuhn, Annette, Dr.in, Prof.in: Patriarchale Strukruren, Geschlechterpolitik und Geschlechterideologien, Berlin 1996

Lancet 2000 – 356.875-9

Leodolter, S. Univ. Prof. Gyn. Aktiv. 2/03: Kurative Ansätze haben Vorrang

Mahomed K., Grant AM; Ashurst H., James D. The Southmead perineal suture study. A randomised comparison of suture materials and suturing techniques for repair of perineal trauma. Br. J. Obstet.Gynaecol 1989; 96:1272-80.

Medical Tribune, 34. Jahrgang, Nr. 25,19.6.2002 Ethik und Stammzellforschung

Medical Tribune vom 29.11.2000 Geburt als Folter, Frauen leiden bis zum Selbstmord.

Neue Zürcher Zeitung, 11.Dez.2008

Ole Olsen, Denmark, non editorial internal referee of Cochrane libery

Linkesch, Werner, Dr., Univ. Prof., Hämatologe, Graz

Marosi, Christine Dr.^{in}, Prof.^{in}, Gleichbehandlungsbeauftragte der Universität Wien

McFarlane, AC, Jelin. Psychiatry 2000 61 Suppl.5: 15-20 posttraumatic stress disorder

Morawetz, Eva, Der MPA-Skandal, in pferde revue 9/2002

Moser, Gabriele Dr.^{in} Univ. Prof.^{in}, Gleichbehandlungsbeauftragte,

Moser/Iber/Fieder „ Karrieren von Frauen an der Universität Wien“ 2002

Netzwerk gegen Pränataldiagnostik, Rundbrief 5.

Nagele, Fritz Dr. Univ. Prof./Speiser Paul Dr. Univ. Prof., AKH Wien: Gynäkologen Duo warnt. In Hausarzt 6/2002, Seite 66

OÖ Nachrichten, 28.7.2000, Seite 24: Geburt in der Nacht riskanter.

OÖ Nachrichten, 11.7.2008, Seite 1: Ungeborenes klagt Staat,
Seite 27: Eltern klagen Republik: “Unser behindertes Kind ist kein Schaden“

Pateisky, Norbert Dr. Univ. Prof., Medical Tribune 32.Jg., Nr. 48 vom 29.11.2000 Ethik im Gesundheitswesen

Pilhar, Helmut, Ing, Olivia, Tagebuch eines Schicksals, Bd 1, 1996

Rhode, Anke Dr.^{in} Univ. Prof.^{in} der Universitätsfrauenklinik Bonn

Rieder, Anita Prof.^{in}, Dr.^{in}, Institut für Sozialmedizin, in der Ärztewoche vom 17.4.2002. Frauen in der Medizin.

Sinkus Ralph Dr., Philips Forscher, Hamburg, Pressekonferenz 2002, MR Elastographie

Schwärzler, Peter, Dr., Univ. Doz. Universitätsfrauenklinik Innsbruck, 3.Linzer Symposion für Pränatalmedizin, am Freitag, den 10.11.2000 in seinem Referat „Nackentransparenzmessung in der 11.-14.SSW"

Stipsits, Sonja, Medical Tribune, 33.Jg. Nr. 7 vom 13.2.2001

www.sgumgg.ch

www.epi-no.de

www.canacakis.de

www.medizin-forum.de Deutsches Medizin Forum

Thacker SB, Banta HD. Benefits and risks of episiotomy:

Tagung der österreichischen Gesellschaft für Psychosomatik in der Gynäkologie und Geburtshilfe in Eisenstadt vom 15. Bis 17.11.2002.

Teiche, Katharina Dr.in Oberösterreichische Fortbildung für Gynäkologie in Hinterstoder vom 21. bis 24. März 2001 in ihrem Referat: Wassergeburt, Vorteile und Sicherheitsaspekte.

Von Stepski-Doliwa, Stephan, Sai Baba spricht zum Westen, 5.Auflage, 1996, Gowinda Sai Verlag.

Wimmer - Puchinger, Beate Dr.in Univ. Prof.in in Medical Tribune Nr. 40/8. Okt 1999, Ärztinnen im Krankenhaus

Wodak, Ruth Univ. Professorin, Institut für Sprachwissenschaft, Studien: „Arzt – Patient - Kommunikation"

Zhu Y. et alii: Abnormal vascular function and hypertension in mice deficient in estrogen receptor beta, Science 2002 Jan 18; 295: 505-8

Index

Notizen:

Notizen:

Notizen:

Die Autorin:

Frau Dr.in Ulrike Haas wurde in Ottensheim, Österreich, geboren. Sie maturierte in Linz und absolvierte anschließend ein Medizinstudium in Innsbruck und Wien. Promotion 1975, Turnus in Linz, danach Aufenthalt in den Tropen mit viel Erfahrung in Geburtshilfe

Die Rückkehr nach Linz erfolgte 1979. Anschließend Niederlassung als praktische Ärztin und diverse Fortbildungen in Neuraltherapie und Chiropraxis. 1991 Beginn der Homöopathieausbildung in Baden bei Wien und in Deutschland.

Hospitation auf der gynäkologischen Abteilung des LKH Villach bei Professor Keckstein 1998

Von 2000 bis 2001 absolvierte Dr.in Haas berufsbegleitend das feministische Grundstudium mit einer Abschlussarbeit über „Frauengesundheit in Oberösterreich". Ende September 2001 kündigte sie aus Überzeugung den Einzelvertrag mit allen Kassen.

Sie betreibt seit 2003 eine freie Praxis in Traun, wo sie ihr Spektrum an Therapien erweitern konnte.

Dr.in Haas hat drei Kinder und vier Enkelkinder.

www.drulrikehaas.info